생활 속의 기도법

일타스님 지음

❁효림

생활 속의 기도법

초 판 1쇄 펴낸날 1996년 8월 15일 (초판 28쇄 발행)
개정판 1쇄 펴낸날 2012년 12월 13일
      19쇄 펴낸날 2025년 05월 14일

지은이 일타스님
엮은이 김현준
펴낸이 김연지
펴낸곳 효림출판사

등록일 1992년 1월 13일 (제2-1305호)
주 소 서울시 서초구 반포대로14길 30, 907호 (서초동, 센츄리 I)
전 화 02-582-6612, 587-6612
팩 스 02-586-9078
이메일 hyorim@nate.com

값 6,000원

ⓒ효림출판사 1996
ISBN 978-89-85295-71-0 03220

잘못 만들어진 책은 바꿔 드립니다.
이 책은 저작권법에 따라 보호를 받는 저작물이므로 무단전재와 무단복제를 금지합니다.

서 문

효림출판사에서 나와 내 주변, 그리고 새길만한 역대의 기도 성취 영험담들을 모아 엮은 『기도』책을 발간하자, 그 책을 읽은 수많은 불자들이 '기도를 하고 싶다.'며 기도하는 방법을 이 산승에게, 또 출판사로 빗발치듯 물어 왔다.

이와 같은 반응은 실로 예상 밖의 일이었고, 저자로서는 응분의 책임을 느끼지 않을 수 없었다. 그리하여 『생활 속의 기도법』이라는 제목으로 기도법을 일러주는 책을 세상에 다시 내놓게 된 것이다.

이 책은 크게 4장으로 구성되었다.

제1장 〈기도 성취의 지름길〉에서는 기도 성취의 원리와 불보살의 가피에 대해 설명하였고,

제2장 〈생활 속의 기도법〉에서는 평소 일상생활 속에서 쉽게 행할 수 있는 기도의 기본 원리와 방법에 대해 상세히 이야기 하였으며,

제3장 〈특별 기도 성취법〉에서는 아주 다급하고 어려운 상황에 처하였거나 특별한 경우에 행하는 기도법에 대해 구체적으로 제시하였다.

그리고 제4장 〈영가 천도 기도법〉에서는 죽은 이를 보다 좋은 세계로 나아갈 수 있도록 인도하는 영가 천도의 묘법과 천도하는 이의 마음가짐 등에 대해 깊이 있게 제시하였다.

기도는 실천이지 이론이 아니다. 하지만 법에 맞지 않는 기도는 올바른 결실을 이루어낼 수가 없다. 따라서 기도 방법을 제대로 아는 것은 성취만큼이나 중요한 일인 것이다.

이 한 권의 책을 내면서 산승은 간곡히 당부 드린다. 기도를 할 일이 있으면 법에 맞게 기도를 하고, 천도를 할 일이 있으면 법에 맞게 천도할 것을….

그렇게 할 때 이 세상은 맑아지고 밝아지며 이 땅은 부처님 땅으로 바뀌어 간다. 법다운 기도, 법다운 천도야말로 우리와 영가 모두를 피안의 세계로 나아갈 수 있게 하는 원동력이 되기 때문이다.

이를 깊이 명심하고 기도를 해보라. 틀림없이 기도 성취가 스스로 찾아들게 된다. 부디 모든 불자들이 간절한 기도, 법에 맞는 기도를 행하여 소원을 성취하기를 이 산승은 축원해 마지않는다.

불기 2540년 부처님 오신 날
해인사 지족암에서 東谷 日陀

차례 / 생·활·속·의·기·도·법

서문 ······ 5

I 기도 성취의 지름길

· 기도인의 자세 ······ 15
    1) 간절한 기도 · 16
    2) 요행수를 바라지 말라 · 23

· 삼종 가피 속에서 ······ 27
    1) 현증가피 · 28
    2) 몽중가피 · 34
    3) 명훈가피 · 37

차례 / 생·활·속·의·기·도·법

II 생활 속의 기도법

· 잠자기 전에 기도를 …… 48

    1) 임종 전과 잠들기 직전이 중요하다 · 48

    2) 수험생과의 대화 · 50

    3) 가족과 중생을 위한 기도 · 53

· 108배 기도 …… 58

    1) 왜 절을 하라고 하는가? · 58

    2) 108번뇌와 108배 · 63

    3) 아침에는 108배, 자기 전엔 염불 · 67

차례 / 생·활·속·의·기·도·법

Ⅲ 특별 기도 성취법

- 속성가피를 이루려면 …… 78
    1) 절하는 사람과 절받는 부처님 · 79
    2) 사력십증배死力十增培 · 81
    3) 매일 3천배를 삼칠일 동안 · 85

- 수행자의 기도 …… 93
    1) 기도로써 수행의 기틀을 · 93
    2) 수행 중에 장애가 있을 때 · 97
    3) 기도의 극치는 깨달음 · 102

차 례 / 생·활·속·의·기·도·법

IV 영가 천도 기도법

· 영가의 천도 …… 113

    1) 어느 학인 스님의 죽음 · 113

    2) 자력의 천도, 타력의 천도 · 118

    3) 영가와 통하는 것은 마음과 마음 · 124

· 광명진언을 외우며 …… 127

    1) 생활 속의 천도법 · 127

    2) 영가의 장애가 있을 때도 광명진언 · 131

    3) 영가도 중생이다 · 141

· 글을 맺으며 …… 144

I
기도성취의 지름길

I

 사람의 한평생 가운데 마음 먹은 대로 되는 일이란 지극히 적다. 우선 머리 속이 갖가지 생각들로 얽히고 설켜 있으니 혼돈이 지극하고, 말과 행동으로 지은 업들이 '나'의 앞길을 막고 있으니 마음 먹은 대로 살 수가 없는 것이다.
 뿐만이 아니다. 이 세상을 살아가고 있기 때문에 피할 수 없는 사람에 대한 걱정들 자기 걱정, 가족 걱정, 남에 대한 걱정 속에서 한평생을 지새우기 마련이요, 돈과 명예와 자존심 때문에 괴로워하고 괴로움을 당하다가 허무하게 죽음을 맞이하게 되는 것이다.
 그렇다고 사람에 대한 애착과 모든 욕심을 남김없이 비우고 사는 것 또한 용이하지가 않다. 오랜 세월 동안 무엇인가를 추구하면서 살아온 버릇 때문에 비우기가 더욱 어려운 것이다.
 그렇다면 비우기가 쉽지 않을 때, 그리고 주위 사람의 도움으로도 '나'의 어려움을 해결할 수 없을 때에는 어떻게 해야 하는가? 그냥 가만히 앉아 운명에 순응하며 살아야 하는가?

　오히려 현재 당하고 있는 어려움을 기꺼이 받아들일 수 있다면 문제가 되지 않는다. 기꺼이 받아들일 수 있다면 그 업(業)만큼은 녹일 수 있기 때문이다.

　그러나 운명을 쉽게 받아들일 수 없을 뿐 아니라 어떤 일을 꼭 이루어야 하겠다고 생각한다면 특별한 노력을 기울여야 한다. 그때 바로 필요한 것이 기도이다. 부처님이나 큰 힘을 지닌 보살님께서 세운 행원력(行願力), "고통받는 중생을 남김없이 구제하겠다"는 그 행원력에 의지하여 간절히 소원을 비는 기도법이 마련되어 있는 것이다.

기도인의 자세

　우리 불자들은 기도를 매우 어렵게 생각하는 경향이 있다. 그리고 불교의 기도는 "마음을 비우고 해야 한다" 또는 "자기 자신을 위한 소원을 가져서는 안 된다"는 등의 말을 자주 듣기까지 한다.
　물론 이것이 틀린 말은 아니다. 그러나 다급한 소원이 있는데 어떻게 마음을 비우고 기도할 수 있겠는가? 또, 일체 중생을 위한 기도라 할지라도 궁극적으로는 '나'의 해탈과 관련이 있으니, 따지고 보면 자신을 위하지 않는 기도가 이 세상 어디에 있겠는가? 그러므로 기도를 복잡하게 생각할 필요가 없다.
　쉽게 말해, 기도는 비는 것이다. "도와 달라"고 비는 것이 기도이다.
　어떤 사람이든 힘이 있고 자신이 있을 때는 신심(信心), 곧 자기 자신의 의지로써 살아갈 수 있다. 그러나 나약해지고 자신이 없을 때는 의지할 것이 있어야 한다. 곧 신앙(信仰)이 필요한 것이다.

기도는 신앙이다. 신심이 아니라 신앙인 것이다. 따라서 기도를 할 때는 매달려야 한다. 내 마음대로도 남의 도움으로도 어찌할 수 없는 것을 불보살의 불가사의한 힘에 의지하여 "이루어질 수 있도록 해달라"고 매달리는 것이 기도인 것이다.

그렇다면 우리는 어떠한 마음가짐으로 기도를 해야 하는 것일까? 이에 대해 특별히 두 가지 사항을 강조하고자 한다.

1) 간절한 기도

기도를 할 때는 지극한 마음, 간절한 마음 하나면 족하다. 복잡한 형식이나 고차원적인 생각이 필요한 것이 아니다. 그냥 간절하게 부처님을 생각하고 지극한 마음을 전하면 되는 것이다. 더 쉽게 이야기해 보자.

간절하다는 것은 마음을 한결같이 갖는 것이다. 기도하는 사람은 반드시 소원이 있기 마련이고, 그 소원을 이룩하고자 하는 마음 하나로 뭉쳐야 한다.

"잘 되게 하소서. 잘 되게 해주소서. 잘 되게 해주십시오…."

이렇게 마음을 하나로 모아 간절히 기도하면 반드시 소원을 성취할 수 있게 되는 것이다.

일찍이 신라의 원효스님께서는 기도하는 법을 이야기하면서, "절하는 무릎이 얼음처럼 시려도 불 생각을 하지 말고, 주린 창자가 끊어져도 먹을 생각을 하지 말지어다"라고 하셨다.

이것은 얼어 죽든 굶어 죽든 상관하지 말라는 말씀이 아니다. 밥 생각, 불 생각이 전혀 일어나지 않을 정도로 간절히 기도하라는 것이다.

기도를 하다보면 처음 얼마 동안은 마음이 잘 모아지지만, 조금 지나면 갖가지 잡념들이 많이 일어나게 된다. 몸이 고단하다는 생각, 내가 올바른 방법으로 기도하고 있는가 하는 생각, 공연한 기도가 아닌가 하는 생각….

이러한 생각들이 기도를 망쳐버린다. 그러나 이러한 생각들은 억지로 없애려 한다고 하여 없어지는 것이 아니다. 오히려 억지로 없애려고 하면 더욱더 일어나는 것이 번뇌망상의 속성인 것이다.

그러므로 회의가 생기고 잡념이 일어나는 고비를 만나

면, 거듭 소원을 곧게 세우고 더욱 간절한 마음으로 기도해야 한다. 이렇게 간절히 기도하다 보면 일념삼매(一念三昧)에 빠져들게 되고, 잠깐이라도 깊은 기도삼매에 빠져들면 불보살의 가피력을 입어 소원을 남김없이 성취할 수 있게 되는 것이다.

경북 영천에 과수원을 경영하는 50대 초반의 처사 한 분이 살고 있었다.

1990년대 말, 그 처사는 갑자기 심한 통증을 느끼며 굴신조차 할 수 없는 허리병에 걸리고 말았다. 처사는 들것에 실려 이 병원 저 병원을 전전하며 치료를 받았고, 용하다는 한의사를 찾아다니며 침도 맞고 한약도 달여 먹었지만 전혀 효험이 없었다.

사태가 이 지경에 이르렀을 때 비구니 스님이 된 처사의 여동생이 찾아왔고, 여동생은 관세음보살 기도를 할 것을 권하였다.

"오라버니, 관세음보살을 지성껏 부르면 죽을 병도 능히 고칩니다. 그까짓 허리병 하나 못 고치겠습니까? 누워서 특별히 할 일도 없을 것이니, '노는 입에 염불한다'고 부지런히 관세음보살을 외우십시오."

얼마 동안 처사는 동생이 시키는 대로 관세음보살을 외웠다. 그러나 깊은 믿음이 없었던 그는 열심히 외우지도 않았을 뿐 아니라, '영영 불구자가 되고 마는 것이 아닌가' 하는 생각과 함께 염불 자체에 대한 회의에 빠져버렸다.

'관세음보살을 외운다고 어찌 허리병이 나을까 보냐? 나도 참 바보지. 일은커녕 걷지도 못하고 방구석에만 누워 있어야 하는 이내 신세…. 아, 차라리 콱 죽어버리자.'

그는 가족들에게 고래고래 소리를 질렀다.

"일도 못하고 사느니 차라리 죽어버리는 것이 낫다. 먹고 죽어버리게 농약 가져 오너라. 빨리 가져 와!"

하루에도 몇 차례씩 가족들을 향해 '농약 먹고 죽어버리겠다'고 소리치자, 견디다 못한 가족들은 다시 동생 비구니 스님을 청하였다.

"오라버니, 다시 한 번 마음을 가다듬고 간절한 마음으로 관세음보살을 불러 보세요. 틀림없이 허리가 나아 다시 일을 할 수 있게 될 것입니다."

"병원에서도 치료하지 못하는 병을 있는지 없는지도 모르는 관세음보살이 어떻게 고쳐? 여러 소리 말고 농약

기도인의 자세 · 19

이나 가져 와! 콱 죽어버리게."

"그렇게 농약 먹고 발광하다 죽고 싶소?"

"그래, 이제 사는 것도 지겹다. 빨리 농약이나 가져 오너라."

헛간으로 뛰어간 동생 비구니는 농약 한 바가지를 푹 퍼 가지고 와서 오라버니의 입 앞에 갖다 대며 소리쳤다.

"자, 입을 벌려요. 내가 부어 넣어 줄테니까."

"……"

"뭘 망설여요? '아' 하라는데…."

처사는 여동생의 당돌한 행동에 깜짝 놀라 입을 굳게 다물며 고개를 옆으로 돌렸다.

"농약을 먹지 않으려거든 지금부터 관세음보살을 부지런히 외우세요. 부지런히 외워 꿈속에서도 관세음보살을 외우게 되면, 묘한 약이 생기기도 하고 용한 의사를 만나 병이 금방 낫게 될 것입니다."

여동생의 말을 묵묵히 듣고 있던 처사는 그 순간부터 마음속으로 관세음보살을 불렀다. 소리 내어 관세음보살을 찾기가 쑥스러워 마음속으로 관세음보살을 염하였던 것이다. 그렇게 하기를 7일째 되던 날 저녁, 처사는 문득 꿈을 꾸었다.

처사가 사는 동네에 의사 한 명과 세 명의 간호사가 갑자기 찾아와서, "악성 전염병이 돌고 있으니 모두 예방주사를 맞아야 한다"며 동네 사람 모두를 불러 모으기 시작했다. 처사가 동네 사람들과 함께 의사 앞으로 가자, 의사는 다른 사람은 거들떠볼 생각도 않고 처사를 끌어당겨 청진기로 진찰을 하는 것이었다.

"보통 주사로는 당신 병을 고칠 수가 없소. 저 침대 위에 누우시오."

처사가 침대 위에 눕기 바쁘게 의사는 맥주병만한 큰 주사기를 가져 와서 인정사정을 두지 않고 허리에 꽉 찌르는 것이었다.

"아야!"

처사는 소리를 지르며 꿈에서 깨어났고, 꿈에서 깨어나서 보니 자신이 벌떡 일어나 앉아 있는 것이었다. 그는 서서히 몸을 움직여 보았다. 그러나 불편한 곳이라고는 한 군데도 없었다. 몸을 뒤척이는 것조차 고통스럽게 만들었던 구제불능의 허리병이 완전히 나아 있었던 것이다.

8

만약 이 처사가 조급증과 무기력 속에 잠겼을 때 영영

기도를 그만두었다면 어찌 관세음보살의 가피를 입을 수 있었겠는가? 여동생 스님의 적절한 방편으로 처사는 관세음보살을 찾는 기도를 마음속으로라도 할 수 있게 되었고, "차라리 죽는 것이 낫겠다"고 생각한 허리병이 완쾌된 것이다.

그러므로 기도를 하는 사람은 모름지기 자신을 나약하게 만드는 수많은 생각들을 잘 단속하여야 한다. 오히려 잡생각이 일어날수록 마음을 굳게 다져 열심히 기도해야 한다. "나를 속일 불보살은 없다"는 확실한 믿음을 가지고 더욱 부지런히 기도해야 하는 것이다.

모든 불자들이여, 요긴하게 마음에 새겨라. 기도 성취의 비결이 '간절 절(切)', 이 한 글자 속에 있음을!

물체의 형상이 길면 그림자도 길고 소리가 크면 메아리도 크듯이, 내가 드리는 정성이 크면 클수록 불보살의 감응(感應)도 크게 다가오는 법이다. '간절 切' 이 한 글자가 온몸에 사무치도록 간절하게 기도하라. 자기도 모르는 사이에 삼매에 빠져들어 반드시 불보살의 가피력을 크게 입게 될 것이다.

부디 지극한 마음, 간절하고 또 간절한 마음으로 기도하기를 당부 드린다.

2) 요행수를 바라지 말라

둘째는 요행수를 바라지 말고 자력(自力)으로 기도하라는 것이다.

불자들 중에는 "기도하기가 어렵다"고 하는 사람이 더러 있다. 그런데 그 까닭이 기도법을 몰라서라기보다는 마음자세가 잘못되었기 때문이라는 사실을 아는 이는 드물다. 곧 기도를 하면서 요행을 바라는 경우가 많다는 것이다.

우리 주위를 살펴보면 수십 년을 절에 다닌 신도들조차 요행수를 바라며 기도하는 경우를 많이 찾아볼 수 있다. 그러나 기도에는 요행수가 통하지 않는다.

태양은 어느 곳에나 평등하게 빛을 준다. 그리고 그림자는 그 빛을 받는 물체의 모습과 비례한다. 같은 태양빛을 받는 사물일지라도 형상이 바르면 그림자가 바르고, 형상이 길면 그림자가 길며, 형상이 짧으면 그림자가 짧은 법이다. 이처럼 불보살의 광명정대한 자비는 언제나 중생들의 정성과 함께 할 뿐, 요행을 바라는 마음과는 결코 함께 하는 법이 없는 것이다.

하지만 중생들은 요행수를 바라고 기도를 하는 일이 많

다. 심지어 "측신(厠神)에게 기도하면 재수가 좋다"는 말을 들으면 변소에까지 밥을 가져가서 기도를 하고, '아무개가 족집게'라는 소문을 들으면 만사를 제쳐놓고 그곳을 찾아가 점을 보기까지 한다.

사실은 신(神)이 내린 용한 점장이라 할지라도 '내'가 아는 것 이상은 알지 못한다. 하다못해 '내'가 잠재의식 속에서라도 알고 있는 것이라야지, 점을 보러 가는 '내'가 전혀 모르는 것은 알아낼 재간이 없는 것이다. 그들이 '나'도 전혀 모르는 것을 안다고 하는 것은 그냥 넘겨짚어서 하는 말일 뿐이다. 그러므로 헛된 것에 의지하여 현혹되어서는 안 된다.

적어도 불자라면 불보살의 광명정대한 자비에 의지하여 자기의 정성을 다 바치는 자력(自力)의 기도를 해야만 한다.

"점장이가 소원성취할 수 있다고 했으니까, 기도를 한 번 해볼까?"

"내가 절에다 많은 돈을 시주했으니 부처님께서 봐주시겠지."

이렇게 요행수를 바라는 기도는 마음에 잔뜩 때를 끼게 하고, 언젠가는 사도(邪道)로 빠져들게 한다. 나아가 진실한 불법은 10만 8천 리 밖으로 달아나버리고, 업장이 소멸되기는커녕 더욱 두터워질 뿐이다.

정녕 지나치게 타력(他力)에 의존하여 자기 속까지 빼주게 되면, 올바른 신심(信心)을 회복해 가지기가 매우 어렵게 되고 만다.

그러므로 이 도리를 분명히 알아서 요행수를 떠난 자력의 기도를 해야만 한다. 그렇게만 하면 업장은 저절로 소멸되고 복은 저절로 찾아들게 되는 것이다.

불자들이여, 부디 명심하라.

부처님을 돌로 만들었든 쇠로 만들었든 나무로 만들었든 기도인에게는 아무런 상관이 없다. 기도하는 장소가 사찰이건 집이건 문제가 되지 않는다. 오직 요행수를 바라지 않고 정성을 다하면 모든 업장이 소멸되고 복은 저절로 생기게 되는 것이다.

부디 요행수를 바라지 말고 신심있는 기도를 하라. 신심있는 기도를 할 때 환희심이 샘솟고, 환희심이 생기면 신심도 더욱 확고해진다. 아울러 환희심이 가득한 곳에는 괴로움이 있을 수 없고 언제나 기쁘고 즐겁고 평안함이 깃들게 되는 것이다.

신심있는 자력의 기도. 이 기도는 결코 어려운 것이 아니다. 단지 자기 능력에 맞추어서 일심지성(一心至誠)으로 정신을 가다듬으면 되는 것이다. 요행수를 떨쳐버리고 간절한 마음으로 기도하면 되는 것이다.

'하늘은 스스로 돕는 자를 돕는다'는 말이 있듯이, 모름지기 요행수를 버리고 참된 '나'의 신심을 다 바치는 기도를 하라. 이것이야말로 소원을 이룰 수 있게 하는 비결이요, 기도를 통하여 해탈을 이룰 수 있게 하는 요긴한 가르침인 것이다.

이제 장을 바꾸어 불보살 가피의 유형과 사례를 함께 묶어 살펴보도록 하자.

삼종가피 속에서

 기도는 맹목적으로 하는 것이 아니다. 마음속에 소원이 있으므로 기도를 하는 것이고, 기도를 하는 이상 반드시 불보살의 가피를 입어 소원을 성취하여야 한다.
 그렇다면 불보살은 어떻게 가피를 보여주는 것일까?
 부처님께서 이 세상에 출현한 이래 수많은 사람들이 기도를 하여 가피를 입은 사례들을 유형별로 나누면 크게 세 종류로 분류될 수 있다.
 현실에서 바로 가피를 입어 소원이 성취되는 현증가피(顯證加被), 꿈을 통하여 소원이 이루어질 것을 예시하는 몽중가피(夢中加被), 언제나 은근하게 보호를 받는 명훈가피(冥熏加被)가 그것이다.
 이들 삼종가피(三種加被) 중, 다급한 일을 당한 사람이 기도를 할 때는 현증가피 또는 몽중가피를 입는 경우가 많고, 평소의 안락과 행복을 원하는 사람은 명훈가피를 입어 평안한 삶을 영위하는 경우가 많다.

　이러한 가피에 대해 실제로 있었던 예를 들면서 하나하나 살펴보도록 하자.

1) 현증가피

　사람이 살다보면 여러가지 다급한 일이 생기기 마련이다. 생각지도 않았던 다급한 일이 발생하였지만, 내 마음대로도 할 수 없고 남의 도움도 받을 수 없다면 그 마음이 어떠하겠는가? 다급한 생각에 음식은커녕 잠도 제대로 이룰 수 없게 된다.

　바로 이러한 때에 지극한 기도를 하면 느닷없이 좋은 일이 찾아들어 모든 어려움을 해결하게 된다. 이것이 바로 현증가피, 불보살께서 현실에서 바로 자비를 나타내어 가피력을 증명해 보이는 현증가피인 것이다.

　나를 자주 찾아오는 신도 중 일명 '부장판사 보살'이라는 분이 있다. 1970년대 초, 남편이 부장판사를 지낼 무렵에 처음 인연을 맺었으므로 나는 그녀를 '부장판사 보살'이라 부르고 있다.

 그녀에게는 경기여고 동창생인 반야행(般若行)이라는 친구가 있었다. 반야행은 매우 불심이 깊었으며, 동창생인 그녀에게 불교를 믿도록 하기 위해 일부러 나에게 데리고 온 것이다. 평생 어려움을 모르며 살았고 남편이 부장판사에 올라 있는 그녀였으므로 처음부터 종교에 대한 관심이 없었다.

 "스님, 불교를 믿을까요? 다른 종교를 믿을까요?"

 "마음대로 하시오."

 이렇게 까불까불하면서 몇 차례 찾아오더니, 하루는 힘이 쭉 빠진 모습으로 나타나 다급한 일을 하소연하는 것이었다.

 "저에게는 육군 소령으로 제대한 남동생이 있습니다. 저희 집안의 유일한 아들이지요. 그 동생이 제대 후 '사업을 시작하려는데 밑천이 모자란다'며 '돈을 빌려 달라'는 것이었습니다.

 '우리 집안의 기둥인데 어떻게 하든지 성공해야지' 하는 마음에서 있는 돈을 탈탈 긁어 빌려주었고, 그 뒤에도 여러 차례 요구를 하여 남의 돈을 빌려서 주었습니다. 그런데 그 사업이란 게 애초부터 사기꾼의 꾐에 빠진 것이

어서, 돈을 몽땅 날려버리고 말았습니다."

"빌려준 돈은 얼마나 됩니까?"

"제가 빌려준 돈은 고사하고 남에게 돌려 쓴 돈과 이자만 하여도 5백만원이나 됩니다."

1970년대 초인 그당시에는 5백만원이면 집 한 채를 능히 살 수 있는 많은 액수였으므로, 남편과 상의하여 해결할 것을 권하였다. 판사부인은 펄쩍 뛰었다.

"아이구, 스님. 저희 남편은 다른 일에는 관대하지만 돈 문제에 대해서는 아주 엄합니다. 남편이 알면 저는 쫓겨납니다. 얼마나 답답하던지 성당에 찾아가 신부님께 고해성사를 드리기까지 하였습니다. 그런데 신부님은 '하나님의 뜻이니 어쩔 수 없다'는 말씀만 일러 주셨습니다. 스님, 어떻게 해결할 수 있는 방법이 없을까요?"

"내 마음대로도 안되고 남의 도움도 구할 수 없을 때는 부처님이나 하나님한테 매달릴 수밖에…."

"스님, 방법을 일러 주십시오. 어떻게 해야 합니까?"

"그럼…, 보살님이 사는 대구 삼덕동에는 관음사라는 절이 있습니다. 주지스님을 찾아가서 '법당에서 3일 동안 절을 하겠습니다'는 말씀을 드리고, 법당 한쪽에서 부처님께 절을 하십시오. 그런데 지금 당면한 일이 급하니까 108배 가지고는 안됩니다. 적어도 3천배는 해야 합니다.

3천배는 과거·현재·미래의 삼대겁(三大劫) 동안 이 세상에 출현하는 3천 부처님께 한번씩 절을 하는 것입니다. 시방삼세 3천 부처님께 한번씩 지성껏 절하면서 소원을 빌어 보십시오. 지극정성을 다해 절하십시오. 그렇게 하기를 3일만 하면 3천 부처님 중 적어도 한분은 가피를 내려 틀림없이 지금의 문제가 해결될 수 있을 것입니다."

부처님께 매달리기로 결심한 그녀는 이튿날 아침 관음사로 가서 절을 시작했다. 3천배가 힘들다는 말은 들었지만 한참 더운 여름이었으므로 더욱 힘이 들었다. 3백배도 하지 않았는데 웃옷이 몸에 붙었고, 1천배 정도 하니 아랫도리까지 흠뻑 젖어버렸다. 2천배 정도 하자 다리가 말을 듣지 않았고, 3천배가 가까워지자 엎드리면 일어나기가 힘들었다. 그러나 판사부인은 이를 악물고 할 수 있는 한 정성껏 3천배를 올렸다.

후들후들 떨리는 다리를 끌고 집으로 돌아와 쓰러져서 자고 있는데, 퇴근한 남편이 의아한 듯이 물었다.

"이 사람이 왜 이러지? 어디 아픈가?"

대답은 않고 끙끙 앓기만 하는 아내가 애처로워 남편은

의사의 왕진을 청하였다.

"사모님이 요즘 신경을 많이 쓰는 것 같습니다. 특별한 병은 없는데요."

의사가 가고 난 후에도 그녀가 끙끙 앓자 남편은 밤새도록 얼음찜질도 해주고 팔다리를 주물러주었다.

이튿날 남편이 출근하자 그녀는 또 관음사를 찾아가서 3천배를 하였고, 그 다음날도 그렇게 하였다.

남편 몰래 사흘 동안의 도둑기도를 끝내고, 집으로 돌아와 샤워를 한 다음 막 자리에 누우려는데 법원으로부터 전화가 걸려왔다.

"부장판사님께서 방금 졸도를 하셔서 대학병원으로 실려 가셨습니다."

'엎친 데 덮친다더니…. 세상에 어찌 이런 일이 있는가?'

그녀는 별별 생각을 다 하면서 병원 응급실로 달려갔다. 산소마스크를 쓰고 병상에 누워 있는 남편을 보자 왈칵 눈물이 솟았다. 그러나 의사는 대수롭지 않게 말했다.

"과로로 인한 졸도입니다. 입원하여 사흘 정도만 푹 쉬면 괜찮아질 것입니다."

밤에는 끙끙 앓는 아내를 돌보랴, 낮에는 또 법원에서

격무에 시달렸으니 피로하여 쓰러질 만도 하였던 것이다.

그 며칠 동안 많은 사람들이 끊임없이 병문안을 왔다. 그런데 이상하게도 평소 같으면 꽃을 들고 오거나 과일, 통조림 등을 가지고 올 사람들이 하나같이 '입원비에 보태어 쓰라'며 부조금을 주고 가는 것이었다. 남편이 퇴원한 다음 그녀가 그 돈들을 세어 보았더니, 묘하게도 한 푼이 넘지도 모자라지도 않는 5백만원이었다.

이에 용기를 얻은 그녀는 남편에게 모든 사실을 털어놓았고, 불호령을 내릴 줄 알았던 남편은 의외로 순순히 허락을 하였다.

"부처님께서 가피를 내리신 것이 틀림없구먼. 그 돈으로 빚을 갚도록 하구려."

그녀는 동생 때문에 진 모든 빚을 갚았고, 그날 이후 지금까지 아침마다 108배를 하는 것을 일과로 삼아 하루도 거르지 않고 행하는 철저한 불자가 되었다.

8

이 부장판사 부인이 입은 가피가 바로 현증가피로서, 이러한 사례는 너무나 많다. 만약 다급한 일이 있다면 어찌 용맹스런 기도 없이 해결을 보려고 할 것인가? 마땅히 다급한 일이 닥치면 힘 있는 기도, 간절한 기도, 믿음이 깃든 기도로써 불보살의 품안으로 뛰어들어야 하리라.

2) 몽중가피

꿈은 우리 생활의 그림자요 마음의 그림자이다. 그러므로 불보살님께 지극한 마음으로 소원을 빌면 낮에 먹은 마음이 그대로 연장되어 밤의 꿈 가운데 나타난다. 이것이 몽중가피이다.

조금 더 구체적으로 이야기해 보자. '소망이 꼭 이룩되게 해주십사'하고 지극하게 관세음보살을 부르면, 관세음보살이 나타나서 그 사람의 소망에 부응하는 편지 한 장을 주거나, 약을 주거나, 차를 한 잔 주는 꿈을 꾸게 된다. 이와 같은 꿈을 꾸면 자기의 소망은 그대로 성취되는데, 이를 일러 관세음보살의 몽중가피라고 한다.

곧 꿈속에서 받는 통지서는 합격 통지서요, 차를 한 잔 받아 마시거나 약 한 알을 얻어먹으면 몸이 좋아진다는 징조이다. 꿈 가운데 열쇠를 하나 받으면 이튿날 돈이 들어오기도 한다.

불가(佛家)에 전해지고 있는 기도 영험담 중에는 삼종

가피 중 이 몽중가피가 가장 많이 전해지고 있다. 그 한 가지 예를 들어보자.

1990년 경, 서울 미아리에 살았던 40대의 보살 이야기이다. 그녀는 전생에 닦은 복이 많아서인지 어려서부터 유복하게 자랐고, 돈도 잘 벌고 가정도 잘 돌보는 남편을 만났으며, 아이들도 착실하고 공부를 잘하여 근심 없이 살았다.

그런데 어느 날 갑자기 입 안이 허는 병이 생겼다. 한두 군데도 아니고 온 입 안이 헐어서 음식은커녕 물조차 먹기 힘든 지경이었다. 병원에서 치료를 받아도 차도가 없고, 한의원을 찾아가니 "입 안이 허는 병은 위장에서 온다"고 하며 위장약을 지어 주었으나 역시 효험이 없었다.

설상가상이라더니, 마침내는 혀를 움직일 때마다 입 안이 아파 말조차 제대로 할 수 없게 되고 말았다.

날이 갈수록 그녀의 몰골은 여위어만 갔고, 말조차 제대로 할 수 없으니 신경만 날카로워지게 되었다. 남편의 자상한 보살핌, 아이들의 재롱도 귀찮게 느껴질 뿐 아니라, 죽음의 그림자가 그녀를 덮고 있는 것 같아 견딜 수가 없었다.

그녀는 집 가까이에 있는 절을 찾아갔다. 부처님께 절을 하면서 살려 달라고 매달리고 싶었으나, 엎드리면 이빨이 다 쏟아지는 것 같아 절도 할 수 없었다. 입 안이 퉁퉁 붓고 헐어서 관세음보살을 부를 수도 없었다.

하는 수 없이 그녀는 가만히 앉아 부처님을 쳐다보면서 속으로 빌었다.

"대자대비하신 부처님! 제 입병 좀 낫게 해주십시오."

온종일 부처님만 쳐다보면서 이렇게 한마음으로 빌다가 집으로 돌아왔다. 그렇게 하기를 며칠, 그녀는 꿈을 꾸었다.

그녀가 열심히 부처님을 바라보며 기도하고 있는데, 부처님께서 갑자기 자리에서 일어나 불단을 내려오셨다. 그리고는 다기(茶器)에 담겨 있는 물을 찻잔에 가득 따라주셨다. 엉겁결에 그것을 받아 마시려는데 부처님께서 일러주셨다.

"그냥 삼키지 말고 입 안에서 우물우물하다 넘겨라."

그녀는 시키는 대로 하고 꿈에서 깨어났는데, 거짓말처럼 입병이 말끔히 나아 있었다. 매운 음식, 짠 음식, 그 어떠한 것을 먹어도 입 안이 아프지 않았다.

'세상에 어찌 이토록 신기한 일이 있단 말인가?'

그녀는 감격하여 불교신문에 이 사실을 투고하였다. 글솜씨는 서툴지만 불자들에게 부처님의 불가사의한 가피력을 알리고자 투고하였던 것이다.

8

이 이야기에서처럼 다급한 일을 당한 불자라면 몽중가피를 입을 때까지 일심으로 기도해야 한다. 꼭 소리를 내어 염불을 해야만 기도가 되는 것은 아니다. '생각 念' 자 염불(念佛). 꼭 입으로 부르지 않더라도 마음속으로 부처님을 열심히 생각하면 그것이 참된 염불이요, 생각하고 매달리는 마음이 간절하면 부처님과 하나가 되어 저절로 가피를 입게 되는 것이다.

3) 명훈가피

우리가 아침저녁으로 외우는 예불문 끝 부분에는 '유원 무진삼보 대자대비 수아정례 명훈가피력(唯願 無盡三寶 大慈大悲 受我頂禮 冥熏加被力)…'이라는 구절이 있다. 그 뜻은 '오직 원하옵건대 다함없는 삼보께서는 대자대비로써 저의 정성스런 절을 받아들여 은근히 가피력을 내려 주옵소서' 하는 것이다.

옛 말씀에 '노는 입에 염불한다' 고, 가거나 오거나 빨래를 하거나 무슨 일을 하든지 관세음보살을 불러서 염염관세음(念念觀世音), 생각생각에 관세음보살이 함께 하게 되면 가는 곳마다 머무르는 곳마다 편안한 세상, 곧 처처안락국(處處安樂國)으로 바뀌어버린다.

바로 이것이 명훈가피이다. 언제나 불보살의 보호를 받고 사는 것이다. 이렇게 되면 재난이 저절로 피해가고 항상 기쁘고 편안하고 즐거움이 가득하게 되며, 입가에는 미소를, 가슴에는 태양을 안고 살아갈 수 있게 되는 것이다.

명훈가피에 대해서는 서울에 살고 있는 현봉(玄峯)거사의 이야기를 하고자 한다.

불심이 깊은 집안에서 태어난 그는 어릴 때부터 자연스럽게 불교와 인연을 맺을 수 있었다. 초등학교 5학년 여름방학 어머니의 분부에 따라 절에서 한 달 가량을 지낸 후부터 그는 불교신도를 자처하게 되었고, 어머니를 따라 절을 찾아다니며 불심을 키워 나갔다.

특히 고등학교 2학년 때 고향 가까이에 있는 충남 홍성군 광천읍의 정암사 주지스님을 뵈면서 그의 신앙생활은 새로운 면모를 맞게 되었다. 스님은 말씀하셨다.

"매일 관세음보살 육자대명왕진언인 '옴마니반메홈'을 108번씩 염송하고 나서 '관세음보살' 명호를 1천 번 이상 염송하도록 해라. 그렇게만 하면 네가 원하는 대학에 합격할 수 있을 뿐만 아니라, 모든 일이 뜻과 같이 이루어질 것이다."

그는 스님의 말씀을 조그마한 의혹도 없이 받아들여 실천을 하였고, 매일 기도하는 가운데 마음이 안정되고 환희심도 생겨 열심히 공부할 수 있었다. 그러나 대학입시의 결과는 예상 밖이었다. 불합격을 하고 만 것이다.

다시 주위의 격려와 권고로 당시 성균관대학교 경영학과에 응시하였으나, 경쟁률은 무려 38대 1이나 되었다. '2차에도 떨어지는 것이 아닌가' 하고 매우 걱정하였지만 무난히 합격하였다. 당시로서는 홍성고등학교 출신인 그의 성균관대 경영학과 합격은 자신뿐만 아니라 학교에 있어서도 영광이었던 것이다.

대학 입학 후 1년 6개월, 그는 해방감 속에서 젊은 열기를 발산하여 지내다가 다시 마음을 가다듬었다. 그리고 ROTC 훈련을 받아 장교로 임관하겠다는 것과 졸업 전에 공인회계사 시험에 합격하고야 말겠다는 목표를 세웠다. 그리고 그날부터 기상과 함께 기도로써 하루를 열며 책과 씨름하였고, 또 ROTC 훈련도 열심히 받았다.

2년 후 마침내 그는 공인회계사 시험 합격자 32명에 포함되는 영광을 얻게 되었다. 그것도 성균관대학교에서는 그만이 합격하였던 것이다.

하지만 합격만 하면 이 세상이 온통 내 것이 될 것 같은 감격에 휩싸일 것으로 예상했던 것과는 달리, 그의 감정은 너무나 무감각하였다. 오직 부처님의 가피 덕분에 합격한 것이라는 생각만으로 가득하였다.

'부처님께 보답할 길은 무엇일까?'

마침내 그는 성균관대학교 내에 불교학생회를 창립하여 부처님의 은혜를 갚고자 하였고, 청담스님과 황산덕 교수의 지도를 받는 성불회를 만들었다. 그는 성불회에서 인생의 반려자가 될 여인을 만났고, 지금까지 그들 부부는 만족스러운 가정생활을 하고 있다.

그리고 그는 졸업과 동시에 소위로 임관, 보병학교 훈련을 거쳐 최전방 철책선 경계 임무를 맡은 소대장으로 근무하게 되었다.

　매일 반복되는 전방 생활의 어느 초겨울 밤, 소대원들을 각자의 진지에 투입 완료한 후 소대장 초소에 돌아온 그는 얼핏 잠이 들었다. 그런데 부처님께서 나타나신 것이었다. 부처님을 친견하는 순간 옷깃을 바로하고 예배를 드리자, 부처님이 엄한 음성으로 말씀하셨다.

　"너에게 지금 어려운 일이 일어나고 있는데 무엇을 하고 있는 것이냐?"

　"무슨 어려움이온지요?"

　하지만 부처님은 아무 말씀 없이 점점 물러가더니 마침내는 완전히 사라져버리고 말았다.

　"부처님!"

　너무나 안타까워 그는 소리치며 꿈에서 깨어났다. 그는 즉시 각 분대장들에게 철책선에 이상이 없는지 여부를 보고하도록 지시하였고, 약 5분 후 3분대장으로부터 철책선이 크게 뚫려 있다는 청천벽력 같은 보고를 받게 되었다. 아슬아슬하게 큰 사고를 바로 직전에 막을 수 있었던 것이다.

　"부처님! 감사합니다. 부처님의 가피에 감사드리옵니다."

그는 밤새도록 감사의 눈물을 흘리며 기도하였다. 그 후 아무런 사고 없이 군복무를 마친 그는 또다시 행정고시에 도전하여 합격하였다. 그리고 2남 1녀를 두고 현재까지 온가족이 하루 일과를 기도로써 시작하는 정말 행복한 가정생활을 영위하고 있다.

8

현봉거사의 경우는 불보살의 명훈가피를 입으며 살고 있는 매우 흔한 예 중의 하나이다. 이 글을 읽는 불자들 중에도 자기 자신이 명훈가피 속에서 살고 있음을 느끼고 있는 이들이 많을 것이다.

이 명훈가피를 입는 것은 결코 어려운 일이 아니다. 온종일 기도하지 않아도 좋다. 하루에 108배 또는 10분 동안의 관세음보살 염불기도라도 꾸준히 해보라. 틀림없이 명훈가피를 입어 마음의 여유가 생기고 평화로움이 깃들게 된다. 하물며 언제나 불보살을 생각하고 기도한다면, 어찌 마음이 태양처럼 밝아지지 않으리.

거듭 강조하건대 기도 성취의 비결은 '간절 절(切)'에 있고, '간절 切'은 삼매로 통하게 되어 있다. 그리고 우리가 간절히 기도하여 잠깐이라도 삼매를 이루게 되면 불보살의 가피는 저절로 찾아들게 되어 있는 것이다.

모든 불자들이여, 형편 따라 능력 따라 내 마음을 내가 모으는 기도를 하자. 흩어진 정신에너지를 하나로 모아 불보살과 한 몸을 이루는 기도를 하자.

이렇게만 하면 불보살께서 은근히, 그리고 현실 속에서 우리를 보호함은 물론, '나'에게 갖추어져 있는 영원 생명·무한 능력이 개발되고, '내'가 서 있는 이곳 또한 사바세계가 아닌 불국토로 바뀌게 된다.

부디 올바른 기도법에 의해 참된 기도를 하는 불자가 되기를 당부 드린다.

II
생활 속의 기도법

II

제1장 **'기도 성취의 지름길'**에서는 요행수를 바라지 말고 '간절 절(切)'로 기도할 것과 기도를 하여 얻게 되는 불보살의 삼종가피(三種加被)에 대해 이야기하였다. 여기에서는 우리가 일상생활 속에서 행할 수 있는 구체적인 기도법에 대해 하나하나 살펴보도록 하자.

잠자기 전에 기도를

1) 임종 전과 잠들기 직전이 중요하다

사람의 한평생 가운데 제일 중요한 순간은 언제인가? 죽기 직전이 가장 중요하다. 죽기 직전에 어떤 마음을 품고 죽느냐에 따라 내생이 달라지기 때문이다.

임종에 다다랐을 때 "내생에는 참선정진하며 살아야지!" 하는 원력을 강하게 세우면, 그 다음 생까지 그 힘이 그대로 전달되어 일평생 도를 닦는 일에 몰두하게 된다.

그리고 죽기 직전에 '나무아미타불'을 일념으로 외우면 그 사람의 마음이 무량한 빛, 무량한 수명의 아미타불과 함께 하여 극락왕생을 이룰 수 있게 된다.

반대로 강한 원한을 품고 죽으면 한을 품은 떠돌이 귀신이 되거나, 다음 생 전체를 복수를 위하여 소모해버리는 허망한 일생을 보내고 마는 것이다.

그러므로 나이가 들면 자기가 지나온 생애를 되돌아보면서 내생의 행복을 위해 용서할 것은 용서하고, 부족했던 점이나 못다한 것이 있으면 원을 세우고 기도하면서 다음 생을 준비할 줄 알아야 한다.

이렇게 원을 세우면 영혼이 몸을 떠날 때 그 원의 싹이 잘 자랄 수 있는 환경을 택하여 태어나게 될 뿐만 아니라, 그 원력이 새로운 삶의 기둥이 되어주는 것이다.

그럼 하루 중에는 언제가 가장 중요한 시간인가? 잠들기 직전의 5분이 가장 중요한 시간이다.

왜 잠들기 직전의 5분이 가장 중요한가?

깨어 있는 동안 우리는 의식의 세계에서 활동한다. 그러나 잠이 들면 잠재의식의 세계로 들어갔다가 지극히 고요한 무의식의 세계로 빠져들게 된다. 그런데 우리의 모든 의식적 활동은 자기도 모르는 사이에 잠재의식 또는 무의식의 조정을 받고 있는 것이다. 따라서 의식의 세계를 보다 훌륭하게 만들기 위해서는 잠재의식과 무의식을 잘 개발해야 한다.

만약 잠자기 5분 전부터 아주 나쁜 생각을 하다가 잠이 들었다면, 그는 악몽에 시달리게 되고 깨어나서도 매우 좋지 않은 기분에 빠져들 수밖에 없는 것이다.

반대로 잠들기 5분 전에 관세음보살을 일념으로 부르고 자면 편안한 수면을 이룰 수 있을 뿐 아니라, 깨어나서도 곧바로 '관세음보살'을 찾는 맑은 시간을 가질 수 있게 된다.

참선을 하는 경우에도 마찬가지이다. 잠들기 전에 심호흡을 하면서 화두를 또렷이 잡고 잠들면 깨어날 때까지 화두가 그대로 살아 있게 된다.

곧 관세음보살이나 화두가 수면과 함께 의식에서 잠재의식 → 무의식의 세계로 들어갔다가, 잠이 깰 때 무의식 → 잠재의식 → 의식의 세계로 다시 나오게 되는 것이다. 따라서 잠자기 전의 5분 집중은 3시간, 5시간, 7시간의 집중과 같은 효과를 나타내는 것이다.

이 원리를 기도법에 적용시키면 매우 큰 효과를 거둘 수 있게 되므로, 나는 이 기도법을 우리 불자들에게 즐겨 권하고 있다.

2) 수험생과의 대화

그럼 잠들기 전에 어떻게 기도해야 하는 것인가? 그 비결은 집중과 간절함에 있다.

나는 종종 대학시험 준비를 하는 학생들과 기도 이야기를 나누곤 한다.

"요즘 시험공부 하느라고 힘들지? 공부는 잘 되느냐?"

"스트레스만 쌓일 뿐 공부가 잘 되지 않습니다."

"내가 공부 잘 되는 방법을 가르쳐 줄까?"

"예!"

"잠들기 전에 '내일 새벽 몇 시에 일어나서 공부해야지' 하고 잠들면 그 시간에 눈이 번쩍 떠지는 일을 경험해 본 적이 있느냐?"

"예, 자주 있습니다."

"바로 그와 같은 방법을 쓰면 된다. 잠들기 직전에 '관세음보살'을 부르되, 먼저 허리를 쭉 펴고 심호흡을 세 번 이상 해라. 그리고 숨을 깊이 들이킨 다음 침을 꿀꺽 삼켜. 그래서 숨을 막아. 그럼 당연히 숨이 꽉 찼지? 꽉 찬 숨을 아껴서 한 번의 숨을 다 내쉬는 동안 관세음보살을 108번 부른다.

왜 한숨에 108번을 부르라는 것인가? 천천히 부르면 잡념이 많이 생기지만, 한숨에 아주 빨리 108번을 부르면 집중이 잘 되고, 간절한 마음이 우러나기 때문이다.

처음에는 '관－세음－보－살, 관－세음－보－살' 하면서 천천히 시작하여 서너 번 지나면 점점 빨리 불러. 그래서 마침내는 한 번 한 번 부르는 '관세음보살' 소리가 앞뒤 간격이 없을 만큼 빠르게 불러야 한다. 너는 '관세음보살'을 부르고 있지만, 옆에서 듣는 사람은 무슨 소리인지 알아듣지 못할 정도로 빨리!

이렇게 빨리 부르면 능히 한숨에 108번을 부를 수 있게 된다. 물론 처음에는 30번, 40번밖에 부를 수 없을 거야. 그렇지만 능력껏 부르고 숨을 깊이 들이키면서 속으로 기원을 해라.

'관세음보살님! 공부가 재미있습니다. 공부가 잘 됩니다. 이번 시험은 틀림없이 붙었습니다(3번).'

그리고 다시 앞의 요령대로 관세음보살을 108번 부르고 기원, 또 108번 부르고 기원…. 이와 같이 세 차례 또는 일곱 차례 반복하면 자기 암시가 되어 공부도 잘 되고, 관세음보살님의 가피를 입어 능히 좋은 결과를 얻을 수 있다. 시간은 5분 또는 10분 정도 걸리지. 한번 해보겠느냐?"

"예."

"어떤 일이 있더라도 매일 잠자기 전에 꼭 하고 자야 한다. 혹 여행 또는 다른 집에 가거나 하여 기도할 장소가 마땅치 않을 때도 있을 거야. 그럴 때는 화장실이나 목욕탕에 들어가서 해도 되고 이불 속에 들어가서 해도 괜찮아.

방에서 할 때는 바닥에 또는 책상 의자에 앉아서 하고, 잠자리에 들어서도 속으로 기원을 해라. 그래야 잠드는 순간과 접속이 되어 잠재의식 속으로 딱 붙게 되니까…."

나는 아직까지 이 기도법을 실천한 학생들 중에서 원하는 대학에 합격하지 못하였다는 이야기를 듣지 못하였다. 하루 5분, 10분의 잠자기 전 기도가 예상 밖의 좋은 결과를 나타낸 것이다.

3) 가족과 중생을 위한 기도

나는 학생들에게 권하는 이 기도법을 재가불자들에게도 즐겨 일러주고 있다. 곧 가족을 위한 기도를 집에서 매일 하라는 것이다. 그때도 요령은 마찬가지이다. 잠자기 직전, 한숨에 108번의 염불과 기원….

다른 점이라면, 앞의 수험생 경우는 자기 기도를 자기가 하는 것이지만, 가족을 위한 기도는 남의 기도를 대신

해준다는 점이다. 그러나 대신해주는 기도라 하여 효과가 떨어지는 것은 아니다.

　대신해주는 기도의 원리는 햇빛을 거울로 받아 어두운 방을 비춰줌으로써 그 방을 환하게 밝히는 것과 같은 것이다. 내가 가족 중 한 사람을 생각하며 관세음보살을 부르면 관세음보살의 밝은 가피가 그에게로 향한다. 남편이나 자식이 직접 기도를 하지는 않지만, 내가 기도하는 힘으로 모두 잘 될 수 있는 것이다.

　특히 가족끼리는 뇌파작용, 뇌전파작용이 어느 누구보다도 강하다. 기도하면서 이 텔레파시를 보내면 불보살의 밝은 광명이 그 가족에게 전달되고, 그 가족이 밝은 광명을 받게 되면 어둡던 장애가 사라져서 뜻과 같이 이룰 수 있게 되는 것이다.

　그리고 기도의 대상으로는 가족을 중심에 두되, 친가 사람・시가 사람・외가 사람을 막론하고 마음이 가는 사람 모두를 위해 기도해주는 것이 좋다. 결코 편협한 마음으로 기도 대상에서 제외한다거나 미워하는 마음을 가져서는 안 된다.

　한번은 법문을 하면서 "식구들마다 기도해주라"고 했

더니만, 법회가 끝난 뒤 노보살 한 분이 따로 찾아왔다.

"스님, 우리 큰사위는 기도를 안 해줄랍니다."

"왜 그러십니까?"

"우리 큰사위가 부산에서 판사노릇을 하는데, 하루는 딸네 집을 찾아갔더니 참외를 깎아줍디다. 그런데 깎은 참외를 칼로 푹 찍어서 '어머니, 잡수소!' 하지 않겠습니까? 그런 불학무식한 놈이 어디 있습니까? 꼴도 보기 싫은데, 어찌 기도가 되겠습니까?"

"해주고 안 해주고는 보살 마음이지만, '미운 사람일수록 극락왕생토록 기도해주라'는 옛 스님 말씀도 있지요."

이렇게 대화를 마친 뒤 잊고 있었는데, 그 노보살이 다음 달 법회에 참석하여 말하였다.

"지난 달 법회한 날부터 스님 말씀대로 가족 한 사람 한 사람에 대해 기도를 하였는데, 큰사위 기도는 하지 않았습니다. 그런데 3일 뒤 큰사위가 교통사고를 만났지 뭡니까? 차는 많이 부서졌지만 다행히 사람은 다치지 않았습니다. 그런데 가슴이 철렁 내려앉습디다. '저 사위 죽으면 내 딸은 어떻게 될꼬?' 그래서 그날부터 큰사위를 위한 기도도 해주고 있습니다."

8

　약간은 우스운 이야기지만, 좋고 싫은 것이 많은 우리로서는 한번쯤 되새겨봄직한 이야기이다. 다시 주제로 돌아가 가족을 위한 기도에 대해 조금 더 구체화시켜 보자.
　예를 들어 '나'의 가족이 아이들의 할아버지·할머니·아버지와 큰아들·작은아들·딸로 구성되어 있고, 어머니인 '나'가 기도를 한다고 하자. 이 경우 할아버지·할머니의 건강과 장수를 시작으로 가장인 남편(아버지)을 위해 축원하고, 그 다음으로 큰아들·작은아들·딸, 친정 부모님이나 형제·자매를 위한 기원을 한다. 그리고 마지막에는 당사자인 '나(어머니)'에 대한 기원을 하면 된다.
　기원문은 사람의 형편에 따라 적절히 정하되, 한 사람에 대하여 108번 '관세음보살'과 세 번의 축원을 잊어서는 안 된다. 반드시 그 가족의 얼굴을 떠올리면서 간절히 관세음보살을 외운 다음, "잘 되게 해주십시오. 잘 되게 해주십시오. 잘 되게 해주십시오" 이렇게 세 번 정도 기원을 하면 된다.
　만약 가족 구성원 중 특별한 처지에 있는 사람이 있다

면 그를 위해서는 더 많이 기원해주어야 한다. 예를 들어 작은아들이 큰 시험을 앞두고 있다면, 그 아들을 위해서는 108염불을 세 차례 정도 하고 '꼭 시험에 붙게 해주십시오' 하면서 기원하는 것이 좋다. 내가 기도를 해서 우리 가족 모두가 잘 된다면 얼마나 보람 있고 가치 있는 일이겠는가? 만약 우리 불자들 중에서 아직까지 이와 같은 기도를 하지 않고 지내는 분이 있다면 지금부터라도 텔레비전 보는 시간을 30분 정도 줄이고, 꼭 기도를 하고 자는 습관을 들이기를 간곡히 당부 드린다.

그리고 이와 같은 기도를 할 때 꼭 권하고 싶은 것은, '한번의 108염불'을 더하여 중생을 위해 축원하라는 것이다.

'모든 중생이 행복하게 해주십시오. 모든 중생이 행복하게 해주십시오. 모든 중생이 행복하게 해주십시오.'

가족과 나의 이익을 위한 기도가 아니라 직접적인 이해관계가 없는 중생을 위한 기도! 이것이 세상을 맑히고 아름답게 만든다. 이것이 나의 불성(佛性)을 깨어나게 만든다. 남을 이롭게 하는 한마디의 축원이 '나'를 참된 보살(菩薩)의 지위로 끌어올리는 것이다. 꼭 중생 축원의 기도를 곁들이기 바란다.

108배 기도

1) 왜 절을 하라고 하는가?

잠자기 전의 기도 외에 우리가 일상생활에서 실천할 수 있는 훌륭한 기도법으로는 절을 하는 방법이 있다.

왜 우리 불교에서는 절할 것을 권하는 것일까?

첫째는 절을 통하여 아상(我相)을 꺾고 복밭(福田)을 이루기 위함이다.

인간의 모든 그릇된 업은 아상에서 비롯된다. '나다', '내가 제일이다' 하는 교만심을 일으켜 제 잘난 맛으로 살기 때문에 모든 문제가 비롯되는 것이다.

이 세상에는 '자기가 제일'이라고 하면서 남을 무시하는 사람이 많다. 자기만 대단한 것처럼 생각하는 것이다. 심지어는 한 나라 전체를 통치하는 대통령이 되고자 하는 사람들까지 이러한 생각에 빠져 출마하는 경우를 흔히 볼 수 있다.

"다른 사람은 대통령감이 될 수 없다. 나만이 대통령감이다. 내가 대통령이 되어야 이 나라가 바로 서리!"

이렇게 망자존대(妄自尊大)하는 사람을 대통령으로 뽑는다면 그 나라의 꼴은 어떻게 되겠는가? 실로 우리 주위에는 자신을 높이고 '제 잘난 체' 하는 사람들이 많이 있지만, 그 '나'를 자세히 들여다보면 허망하기 짝이 없는 것이다.

먼저 '나'의 육체를 관찰해보라. 이 몸뚱이는 물질에 불과하다. 물질이 차츰 낡아서 부서지듯이, 몸뚱이가 아무리 잘생기고 튼튼하더라도 별 수가 없는 것이다.

만리장성을 쌓은 진시황도 한 줌 흙으로 바뀌었고, 그 잘났던 김일성도 마침내 죽어 염라대왕 앞으로 가버렸다. 오래되면 물질은 사라지기 마련인 것이다.

'나'의 정신 또한 다를 바가 없다. 아무리 정신력이 뛰어난 사람이라 할지라도 변천하는 생각을 멈추게 할 수는 없다. 한 생각이 일어나서는 잠시 머물다가 달라지고 사라져가는 생주이멸(生住異滅)의 흐름이 계속 반복되고 있는 것이다.

육체와 정신으로 구성된 '나'! 그 '나'는 끊임없이

변하다가 사라져버리는, 무상하고 허망하기 짝이 없는 존재이다. 그런데 이 무상한 '나'를 대단한 것인 양 내세우고 있으면 고통만 따를 뿐, 멋있고 자유로운 삶이나 공부에는 전혀 도움이 되지 않는다. 그러므로 정말 잘살고자 하는 사람은 아상부터 없애야 한다.

아상을 없애는 공부! 그것이 바로 절이다.

"저의 가장 높은 머리를 불보살님의 가장 낮은 발아래 바치고 절하옵니다."

"저의 가장 귀중한 목숨을 바쳐 절하옵니다[歸命頂禮]."

만약 '나'를 높이는 아상을 버리고 절을 하여 하심(下心)을 할 수 있는 사람이라면 진실로 남을 위해 봉사할 수 있는 마음을 낼 수 있게 되고, 참된 봉사를 하면 내 마음이 저절로 편안해지며, 내 마음이 편안해지면 나를 대하는 모든 사람의 마음도 편안해질 수가 있다. 이렇게 하여 일체 사람을 편안한 세계로 인도하면 대복전(大福田), 곧 큰 복밭을 만들어낼 수 있게 되는 것이다.

둘째는 업장소멸(業障消滅), 곧 절을 많이 하여 속에 쌓은 업을 비워내고자 함이다.

옛 스님이 말씀하시기를, '이 몸은 돌아다니는 변소요,

구정물통이다'라고 하셨다.

실로 그러하다. 아무리 얼굴을 예쁘게 꾸미고 화장을 했다고 해도 알고 보면 추하고 더럽기 짝이 없는 것이 우리의 몸뚱아리이다. 가죽피대 속에는 피와 고름과 때와 똥오줌으로 가득 채워져 있다.

그뿐인가? 제 마음에 맞으면 탐욕심을 내고 제 마음대로 되지 않으면 성을 내며, 탐하고 성내다 보니 마음이 고요하지 못하여 시기·질투·아만·방일 등 수많은 어리석음을 저지르고 마는 것이다. 나아가 살생·도둑질·음행·거짓말까지 곁들이고 있으니….

이러다 보니 우리의 마음 그릇은 완전히 구정물통이 되고 말았다. 본래 깨끗하고 천진했던 항아리에 쓰레기 찌꺼기도 담고 쉰 밥도 담고 고기 뼈다귀도 담고…. 온갖 찌꺼기들을 자꾸 담다 보니 구정물통이 되어버린 것이다.

북적북적 속이 끓는 탁하디 탁한 구정물통! 흉칙한 망상이 항상 출렁이는 구정물통! 그 구정물통이 꽉 차서 콸콸 넘치고 있다. 이제 우리는 이 마음 그릇 구정물통을 맑혀야 한다.

그러나 넘치는 구정물통에 맑은 물 한 사발을 붓는다 하여도 별 소용이 없다. 맑히려면 구정물통을 넘어뜨려 쏟아버려야 한다. 그렇지만 배가 크고 모가지가 작아 넘어뜨려 쏟아 봐도 속의 것이 잘 나오지 않는다. 이제 별 도리가 없다. 오직 한 바가지 맑은 물을 붓고 흔들면서 냅다 쏟고, 한 바가지 물을 붓고 냅다 쏟고…. 오로지 거듭거듭 반복할 수밖에 없다.

바로 이와 같은 반복 작업이 절이다. 부처님이나 관세음보살님을 간절히 찾는 것은 맑은 물을 붓는 것이고, 절하며 엎어지는 것은 구정물통을 흔들면서 찌꺼기는 쏟아내는 것이다.

그렇다고 하여 몇 번의 절로써는 속의 묵은 찌꺼기를 다 비워버릴 수는 없는 것이기 때문에 거듭거듭 절할 것을 옛 스님들은 강조하셨다. 적어도 108배·1천배·3천배·5천배·1만배의 절을 하도록 하신 것이다.

이렇게 거듭거듭 절하다 보면 업장이 소멸될 뿐만 아니라, 내 마음의 그릇이 청정해지고 내 몸뚱이 그릇이 청정해지면서 몽중가피(夢中加被)도 나타나고 현증가피(顯證加被)도 나타나고 명훈가피(冥熏加被)도 나타나게 되는 것이다.

곧, '중생심의 물이 청정해지면 보살의 달 그림자가 거기에 나타난다[衆生心水淨 菩薩月影顯]'가 되는 것이다.

우리를 맑히고 우리를 큰 복밭으로 만들어주는 절. 이제 우리가 성의만 있으면 평소 능히 할 수 있는 108배에 대해 살펴보도록 하자.

2) 108번뇌와 108배

불교의 절하는 숫자에 대한 근거는 뚜렷하다.

3배를 드리는 것은 삼보(三寶)에 귀의하여 탐심·진심·치심의 삼독심(三毒心)을 끊고 삼학(三學 : 戒·定·慧)을 닦겠다는 의지를 표명하는 것이고, 53배는 참회 53불(佛)에 대한 경배, 1천배는 지금 우리가 살고 있는 현겁(賢劫)의 1천 부처님께 1배씩 절을 올리는 것이며, 3천배는 과거·현재·미래의 3대겁에 출현하는 3천 부처님께 1배씩의 절을 올리는 예법이다.

그렇다면 108배는 무엇인가? 바로 이 절이 108번뇌의 소멸과 관련되어 있음은 누구나 쉽게 짐작할 수 있을 것이다.

그러나 우리는 108이라는 숫자가 108번뇌를 뜻한다는 것은 쉽게 파악하면서도, 어떻게 해서 중생의 번뇌를 108이라는 숫자로 분류하였는지를 분명히 아는 사람은 드물다.

108번뇌는 중생의 근본번뇌이다. 이 108번뇌는 육근(六根)과 육진(六塵 : 六境이라고도 함)이 서로 만날 때 생겨난다.

눈[眼]·귀[耳]·코[鼻]·혀[舌]·몸[身]·뜻[意]의 육근이 색깔[色]·소리[聲]·향기[香]·맛[味]·감촉[觸]·법[法]의 6진을 상대할 때 먼저 좋다[好]·나쁘다[惡]·좋지도 싫지도 않다[平等]는 세 가지 인식작용을 일으킨다.

그리고 다시 좋은 것은 즐겁게 받아들이고[樂受], 나쁜 것은 괴롭게 받아들이며[苦受], 좋지도 싫지도 않은 것에 대하여는 즐겁지도 괴롭지도 않게 방치하는[捨受] 것이다.

곧 6근과 6진의 하나하나가 부딪칠 때 좋고[好]·나쁘고[惡]·평등하고[平等]·괴롭고[苦]·즐겁고[樂]·버리는[捨] 여섯 가지 감각이 나타나기 때문에, 6×6=36, 즉 서른여섯 가지의 번뇌가 생겨나게 된다.

이 36번뇌를 중생은 과거에도 했었고 현재에도 하고 있고 미래에도 할 것이기 때문에, 6×6=36에 과거·현재·미래의 3을 곱하여 108번뇌가 만들어지는 것이다. 이를 도표화하면 다음 페이지의 [표]와 같다.

이와 같은 108번뇌가 벌어지고 또 벌어져서 팔만사천 번뇌망상을 이루게 되고, 그 번뇌들이 눈 깜짝할 사이에 무수히 왔다 갔다 하면서 마음을 흩트려 놓기 때문에 중생은 번뇌로 인해 시달리는 삶을 살아갈 수밖에 없는 것이다.

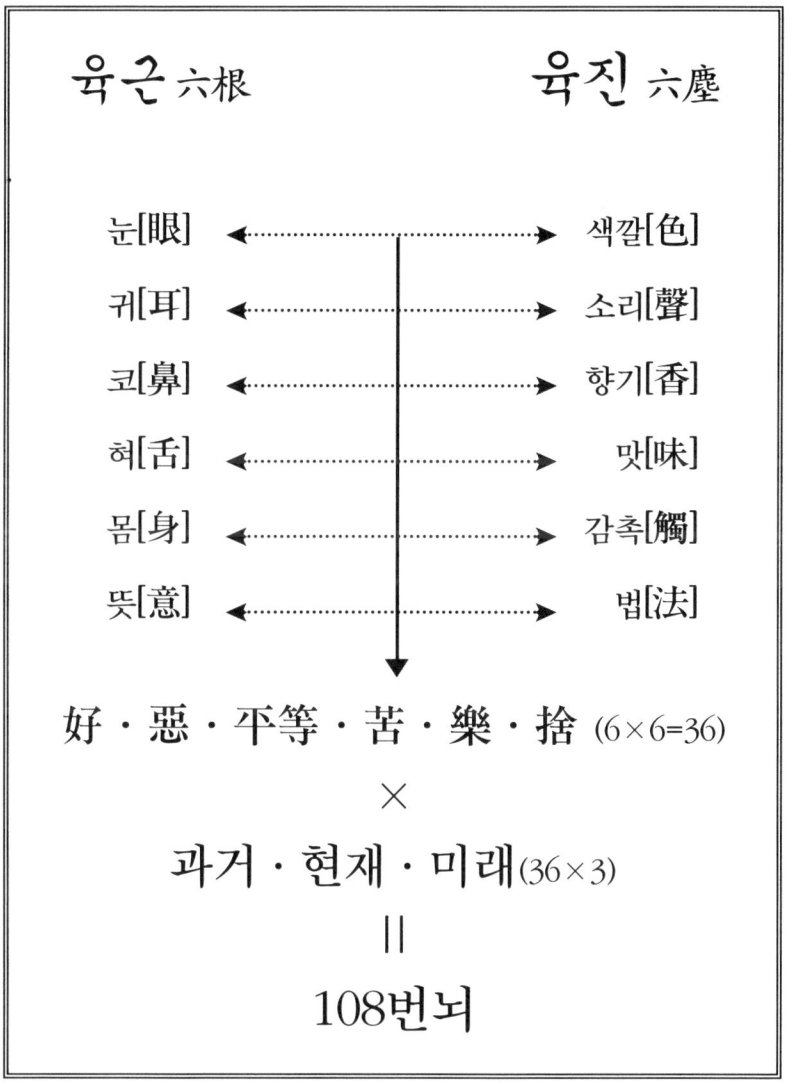

108번뇌! 이것은 우리의 흩어진 마음을 뜻한다. 하나로 모아진 마음이 아니라 바깥으로 흩어진 마음, 근원을 돌아보는 마음의 상태가 아니라 끊임없이 흘러 내려가는 유전(流轉)을 뜻하는 것이다. 이와 같은 108번뇌와 깊이 결속되어 있는 삶이 중생의 삶이다.

그러나 이와 같은 108번뇌는 108번의 절을 하는 동안 스스로 순화되어 삼매의 힘으로 변화된다. 흩어진 마음을 하나로 모아 일심의 원천으로 거슬러 올라가는 환멸(還滅)의 시간이 펼쳐지고 있는 것이다.

우리의 마음은 무한한 능력, 영원한 생명력을 지니고 있다. 하지만, 그 마음이 번뇌를 따라 밖으로 밖으로 뿔뿔이 흩어질 때는 무능에 빠지고 끝없는 생사의 유전 속으로 전락하고 만다. 하지만 번뇌 속으로 흩어진 마음을 하나로 모을 때 삼매의 힘은 다시 되살아나고, 원래의 무한 능력이 우리에게서 한번도 떠나지 않았다는 것을 깨닫게 되는 것이다.

"108배로써 108번뇌를 끊는다."

이 108배 속에는 번뇌를 좇아 흘러 내려가는 삶을 일심의 원천으로 돌리겠다는 의지가 숨겨져 있다. 유전이 아니라 환멸의 삶, 번뇌 이전의 영원 생명으로 돌아가 부처님과 하나가 되는 삶, 곧 성불(成佛)하겠다는 강한 의지가 담겨져 있는 것이다.

 그러나 번뇌는 끊는 것이 아니다. 마음을 하나로 모을 때 번뇌는 저절로 사라진다. 108배의 절은 번뇌를 끊는 의식이 아니라 깊은 삼매(三昧) 속으로 우리를 인도하는 방편이다. 우리가 매일매일 108배의 정진을 통하여 삼매 속으로 몰입할 때 우리의 모든 번뇌는 차츰 사라지게 된다.

 삼매와 환멸과 성불! 이것이 우리가 108배를 하는 까닭임을 분명히 알아야 할 것이다.

3) 아침에는 108배, 자기 전엔 염불

 이제 108번뇌와 108배의 참 의미를 분명히 알 수 있을 것이다. 그리고 108염주를 지니는 까닭도 알 수 있을 것이다.

 우리 불자들 중에는 108염주를 매고 다니는 사람이 많다. 이 108염주는 액세서리가 아니다. 108번의 염불과 108배를 통하여 108번뇌로써 지은 죄업들을 참회하기 위해 가지고 다니는 것이다. 부처님 앞에 한 번 절하고 한

개 돌리기를 108번 하면서 108번뇌를 끊어 나가라고 108염주를 가지고 다니는 것이다.

108번뇌가 완전히 소멸되면 누구나 부처가 될 수 있다. 우리의 최종 목적인 부처를 이룰 수 있는 것이다. 그러므로 우리 불자들은 매일 108배를 생활화하는 것이 좋다.

아침에 일어나서는 108배, 저녁의 자기 전에는 가족 한 사람 한 사람을 향한 108염불!

이것을 생활화하면 마음이 점차 모이고 맑아져서 언젠가는 삼매의 경지에 도달할 수 있게 된다. 그리고 불보살의 은근한 가피, 곧 명훈가피를 얻어 재난은 스스로 피해가고 가정은 두루 편안해지며, 기쁨과 행복이 충만해지게 되는 것이다.

만일 집에서 108배를 할 여건이 되지 않는 경우라면 절을 찾을 때만이라도 꼭 108배를 하도록 하자. "절을 하는 곳이기 때문에 사찰을 절이라고 부른다"는 속설이 있듯이, 좋은 도량을 찾았을 때만이라도 법당의 부처님께 지극정성 108배를 올리는 신심을 보여야 할 것이다.

이제 아침 108배, 저녁 잠들기 전의 기도를 통하여 소원을 이룬 세 고시생의 이야기를 하면서 제2장의 '생활 속의 기도법'에 대한 글을 매듭짓고자 한다.

1980년대의 일이다.

지금은 재가불자의 참선수련 도량으로 바뀌었지만 당시 해인사 원당암은 고시생들이 많기로 유명하였다. 원당암에서 공부하여 사법고시에 합격한 사람이 10여 년 동안 50명도 넘었기 때문이다. 자연 방을 얻으려는 경쟁이 치열해지자, "돈을 2배, 3배 주겠으니 있게 해 달라"는 사람도 많았다.

그러나 원당암 스님들이 누구인가? 오히려 네 가지 규칙을 정하여 그 규칙을 준수하겠다는 사람들만 받아들였다.

첫째, 새벽예불에 참석해야 한다.
둘째, 술과 담배를 먹지 못한다.
셋째, 여자친구의 방문은 사절한다.
넷째, 주지스님 허락 없이는 바깥출입을 금한다.

처음 이렇게 다짐하고 원당암에 있게 된 고시생 중, 3명의 학생이 몰래 해인사 관광촌으로 내려가서 술을 먹다가 주지스님께 들키고 말았다.

"이놈들! 당장 원당암에서 나가거라."

책보따리를 절 마당에 들어 내놓고 몽둥이를 잡은 채 호령하는 주지스님의 서슬에 놀라 그들은 암자 밖으로 뛰쳐나왔다. 그러나 집으로는 돌아갈 수 없는 노릇이었다. 세 사람은 궁리 끝에 나를 찾아왔다.

"저 위의 지족암 큰스님께 찾아가보자. 혹시 거기 있으라고 할지도 모르잖아."

그러나 방이 없는 지족암에 '있으라'고 할 수도 없는 일. 나는 잠시 그들과 이야기를 나누었다.

"너희들, 사법고시에 꼭 합격하고 싶지?"

"예!"

"그런데 공부는 잘 되지 않고?"

"예, 공부하기가 통 싫습니다."

"내가 공부하고 싶도록 해줄까? 공부 잘 되도록 하는 방법이 있다."

"어떻게요?"

"너희 마음대로 안 되는 것을 마음대로 할 수 있도록 하는 것이 부처님의 법 아닌가! 내가 시키는 방법대로 해볼테냐?"

"예, 공부만 잘 된다면 하지요."

"첫째, 너희들이 절에 와 있으니까 부처님께 절을 해야 한다. 새벽예불 목탁소리가 나거든 무조건 법당으로 달려가서 절 108배를 해라. 108배를 하면 아침에 국민체조를 하는 것보다 더 좋다. 몸이 아주 건강해진다. 손가락 발가락까지도 운동이 다 되고 목운동 허리운동 발목운동 온 전신운동이 다 되는 것이니까. 운동 가운데 절하는 운동보다 더 좋은 운동이 없다. 할 수 있겠느냐?"

"예."

"이렇게 부처님께 108배를 드리면서 '부처님, 공부 재미있게 해주십시오. 공부 재미있게 해주십시오. 시험에 꼭 붙게 해 주십시오…' 하면서 간절히 기원해야 한다."

"두 번째는 잠들기 직전에 관세음보살을 부르고 자는 것이다. 먼저 코로 심호흡을 세 번 또는 일곱 번 하고, 관세음보살을 아주 빨리, 108번을 불러라. 처음에는 3~40번밖에 못 부를 것이지만 일단 한숨 동안 부르고 나서 '관세음보살님! 꼭 시험에 되게 해주십시오. 공부 잘 됩니다. 공부가 재미있습니다' 이렇게 3번 기원을 해라. 그렇게 한 숨에 염불을 세 번 또는 일곱 번 정도 하여야 한다."

"스님, 왜 관세음보살을 그렇게 빨리 불러야 합니까?"

"관세음보살을 천천히 부르면 생각이 서울 갔다가 대전 갔다가 부산 갔다가, 왔다 갔다 하게 된다. 그럼 효과가 없어. 관세음보살을 아주 빨리 부르면, 부르기 급한데 어디 갈 여가가 있나? 생각이 도망칠 틈이 없게 되고 마음이 하나로 모이니까 틀림없이 힘이 모이게 되는 것이다."

"그리고 공부를 하다가 정신이 흐릿해지거나 마음이 풀어질 때에도 이렇게 관세음보살을 불러 보아라. 아주 큰 도움이 될 것이다."

학생들은 아주 좋아하면서 꼭 실천하겠다고 다짐하였고, 나는 그들을 데리고 원당암으로 가서 주지스님에게 부탁하였다.

"학생들이 잘못을 뉘우치고 앞으로 잘하겠다고 하니 한번만 용서하시오."

그날부터 시험 치기 전까지 약 백일 동안 세 학생은 기도와 공부를 부지런히 하였고, 마침내 세 사람 모두 사법고시에 합격하였다. 기쁨에 넘친 그들은 법관 교육을 받기 위해 사법연수원으로 가기 직전, 커다란 케익을 사들고 나에게로 찾아왔다. 그리고 시험장에서 있었던 무용담을 늘어놓았다.

"스님, 시험장에 앉아 주위를 돌아보니 모두가 백짓장 같은 얼굴을 하고 있었습니다. 제 얼굴을 가진 사람은 저희들뿐인 듯했습니다. 저희들은 시험지가 나오기까지 일심으로 관세음보살을 불렀습니다. 마음이 그렇게 편안할 수가 없었습니다."

"그런데 스님, 막상 시험문제를 받고 보니 거기에 기적이 있었습니다. 원당암 앞길을 산책하다가 갑자기, '아차! 그 문제 한 번 더 보아야겠다'고 하여 꼼꼼히 살펴본 문제, 부처님께 절하다가 생각이 나서 한 번 더 찾아본 문제 등, 일부러 기억하고 거듭거듭 따져봤던 문제들만 출제되어 있었습니다. 어찌 저희들이 떨어질래야 떨어질 수 있었겠습니까? 스님, 감사합니다. 모두가 스님 덕입니다."

"나도 너희들 덕에 법문할 이야깃거리가 하나 더 생겼구나. 나도 너희들에게 감사한다."

우리 모두는 이렇게 웃음꽃을 피웠다.

8

이 산승은 간곡히 당부 드린다. 지금 현재 앞에서 이야기한 일상의 기도를 하지 않고 있는 불자라면 이 기회에 꼭 실천해보라는 것을!

기한은 스스로의 형편에 맞게 정하라. 백일을 하나의 기한으로 삼아도 좋고, 49일을 기한으로 삼아도 좋다. 그

것도 어렵다면 삼칠일[21일], 21일도 어렵다면 일주일, 아니 단 3일이라도 좋다. 꼭 한번 해보자. 틀림없이 마음이 평화로워지고 건강도 좋아질 것이며, 소원도 성취할 수 있을 것이다.

부디 뒷날로 미루지 말고 지금 이 자리에서 한마음으로 염불하여, 신심(信心)을 이루고 뜻을 성취하기 바란다.

Ⅲ
특별 기도 성취법

III

앞의 장에서는 **'생활 속의 기도법'**이라는 제목으로 평소 일상생활 속에서 쉽게 행할 수 있는 잠들기 전의 기도법, 108배 기도법 등에 대해 기본 원리와 방법을 상세히 이야기하였다. 여기에서는 아주 다급하고 특별한 상황에 처하였거나 특별한 경우에 행하는 기도법에 대해 구체적으로 살펴보기로 한다.

속성가피를 이루려면

우리 불자들은 기도를 한다. 불보살님께 마음속의 소원을 기원하면서 기도를 한다. 간절히 간절히 기도를 하고, 마침내는 '소원성취'라는 결과를 이룩하게 된다.

간절한 기도에 소원성취.

그러나 이것은 불교만의 전유물이 아니다. 기독교·이슬람교·힌두교 등의 세계적인 종교나 각국의 민간종교에서도 간절한 기도를 통하여 소원을 이루는 경우는 수없이 많다. 심지어는 집단 최면의 효과가 있는 타종교의 '광(狂)'에 가까운 기도가 더 빠른 성취를 안겨주는 듯이 보일 때도 있다.

그렇다면 여기서 잠시 생각해 보자. 불교의 기도와 다른 종교의 기도는 같은 것인가? 불교만이 아니라 그 어떤 종교의 기도라도 똑같은 영험에 똑같은 결과가 있기 마련인 것인가?

아니다. 그렇지가 않다. 왜냐하면 기도 성취의 근거가 서로 다르기 때문이다.

불교의 기도는 불성(佛性), 누구나가 가지고 있는 참된 마음자리의 영원생명·무한능력을 의지하고 개발하는 것인데 비해, 타종교의 기도는 인간이 스스로 설정한 바깥의 절대적인 존재에만 매달리는 것이다. 따라서 불교의 기도를 하여 가피를 입은 사람은 자기의 참 마음자리 개발을 위해 꾸준히 수행하는 경우가 많고, 타종교의 사람들은 자기 개발보다는 절대자를 위한 헌신으로 나아가는 경우가 대부분인 것이다.

이제 이러한 사실을 바탕에 깔고, 불교의 기도 성취 원리와 옛 스님들이 수없이 절을 하면서 기도를 하도록 한 까닭에 대해 보다 자세히 살펴보도록 하자.

1) 절하는 사람과 절받는 부처님

불교의 절은 능례(能禮)와 소례(所禮)로 이루어진다. 곧 능(能)은 주체요 소(所)는 대상으로, 능례는 절하는 '나'를, 소례는 그 절을 받는 불보살을 가리키는 것이다.

중생의 분별세계에서는 이 능과 소가 언제나 붙어 다니

기 마련이다. 우리가 그토록 중요시하는 '나'도 '너'가 있기 때문에 있는 것이다. '너'가 없으면 '나'라는 존재도 있을 수 없다. 선악(善惡)도 마찬가지요, 사랑과 미움도 마찬가지이다.

그러나 이 모든 상대적인 것이 결코 두 몸을 가지고 있거나 다른 뿌리를 가지고 있는 것은 아니다. 이들은 손등과 손바닥의 관계처럼 항상 함께 하고 있다. 곧 예배를 하는 이와 예배를 받는 분이 완전히 별개의 존재가 되어 있는 것이 아니라 불이(不二)의 관계에 놓여 있는 것이다.

그렇다면 절을 하는 사람과 절을 받는 분은 무엇에 의지하여 손의 앞·뒷면처럼 존재하게 되는 것인가?

그것은 우리의 참된 마음자리이다. 절을 받는 부처님은 참 마음자리를 회복해 가진 분이요, 절을 하는 우리는 참 마음자리를 가지고 있으면서도 제대로 발현을 시키지 못하고 있는 존재인 것이다.

따라서 기도하는 우리에게 가장 절실하게 요구되는 것 또한 우리의 마음자리 능력을 한껏 끌어올리는 일이다. 만약 이렇게만 하면, 절을 받는 부처님과 절을 하는 우리의 마음자리가 하나로 계합하여 어떠한 소원도 능히 이룰 수 있게 되는 것이다.

'나'의 참 마음자리!

모든 것은 이 마음자리로부터 생겨난다. 비록 이 마음자리는 특별한 모습이나 실체가 없지만, 인연이 화합하면 갖가지 묘한 모습과 작용을 나타내 보이게 된다.

좋고 궂은 모든 일도 바로 이 마음자리에서 일어나고, 기도 성취의 근원적인 힘도 이 마음자리에서 비롯되는 것이다.

곧 기도를 제대로 하면 참된 마음자리에서 수승하고 오묘한 힘이 흘러나와 기도를 이루게 하는 것일 뿐, 다른 특별한 존재가 있어서 감응하는 것이 아니라는 것을 우리 불자들은 분명히 알아야 할 것이다.

2) 사력십증배(死力十增培)

그렇다면 어떻게 기도할 때 이 마음자리로부터 성취의 능력이 분출되는 것인가?

가장 빠른 방법은 사력(死力)을 다하는 것이다. 사력을 다할 때 참 마음자리의 힘은 가장 힘차게 뻗어 나오는 것이다.

불교에서는 중생의 마음을 연려심(緣慮心)·육단심(肉

團心)·진여심(眞如心)으로 분류하기도 한다.

이 중 연려심은 다가온 인연 속에서 일어나는 평소의 마음상태를 가리키고, 육단심은 만용을 부려 억지로 하는 것으로 보통 때는 일어나지 않다가 큰 욕심이 일면 생겨나게 된다. 진여심은 우리의 마음 가장 깊은 곳에 자리 잡고 있는 참되고 한결같은 마음자리로서, 아주 특별한 때만 나타나게 된다.

예를 들면서 조금 더 구체적으로 살펴보자.

어떤 사람은 집에 불이 나자 자기 키보다 더 큰 장 단지를 번쩍 들고 나왔는데, 나중에 아무리 생각해보아도 어디에서 그런 힘이 나왔는지를 알 수 없었다고 한다. 그것이 바로 육단심이다.

옛말에 "욕심으로 하는 일은 보통 때보다 다섯 배의 힘이 생긴다[欲力五增培]."라고 하였는데, 이 마음으로 기도하여도 보통과는 다른 결과를 얻을 수 있는 것이다.

그리고 진여심의 힘은 평소에는 느낄 수 없지만, 특별한 경우 우리의 마음 깊은 곳에서 우러나오는 힘으로, 이를 세속에서는 '사력(死力)'이라고들 한다. "죽을힘을 다하면 열 배의 힘이 생긴다[死力十增培]."는 말은 바로 이 진여심과 관련되어 있다.

옛날 활을 잘 쏘는 사람이 밤길을 가다가 호랑이를 만났다. 깜깜한 어둠 속에서 눈에 불을 켜고 있는 호랑이를 대하자 온몸의 털이 모두 곤두섰지만, 순간적으로 그는 일념 속에 빠져들었다.

'죽어서는 안 된다. 저놈에게 잡아먹힐 수는 없다.'

찰나지간에 그는 화살을 활에 메겨 활시위를 당겼다. '팍' 하고 꽂히는 소리가 들려 정통으로 맞힌 줄 알았는데, 어찌된 영문인지 화살을 맞은 호랑이는 꿈쩍도 하지 않았다. 그는 다시 화살을 날려 정통으로 맞혔지만 이번에도 쓰러져야 할 호랑이는 그대로 앉아 있는 것이었다. 그래서 다시 활시위를 당겨 모두 세 방을 정통으로 맞혔는데도 전혀 움직이지 않았다.

'거 참 이상하다'는 생각과 함께 주위를 둘러보니 사방은 칠흑같이 어두웠고, 별안간 무서운 생각이 들어 '걸음아, 날 살려라' 하면서 집으로 뛰었다.

그 다음날 손에 손에 무기를 든 동네 사람들을 이끌고 그곳으로 가서 보니, 마땅히 죽어 있어야 할 호랑이는 간 곳이 없고 그 자리에는 호랑이를 꼭 닮은 바윗돌이 서 있었다. 그리고 어젯밤 자기가 쏜 화살 세 개가 거기에 박혀 있는 것이 아닌가!

"야, 그것 참 이상하다. 어제 저녁 바위를 호랑이로 본 것은 내가 잘못 보았다고 치더라도 어떻게 화살이 저기에 박혔을까? 내 힘이 저렇게 세단 말인가?"

그리고는 어제처럼 다시 화살을 쏘아 보았다. 그러나 화살이 바위에 박히기는커녕, 바위에 부딪치는 순간 화살촉만 부러졌던 것이다.

ξ

이것이 바로 참 마음자리에서 나오는 '사력십증배'의 힘이다.

이를 기도에 적용시켜 생각해보라. 목숨이 달린 다급한 일이 있다면, 목숨처럼 소중한 일이 있다면 어떻게 기도를 할 것인가? 참 마음자리의 영원한 생명력, 무한한 능력이 필요하다면 어떠한 자세로 기도해야 하는가?

사력을 다한 기도! 바로 사력을 다한 기도를 하면 된다. '죽으면 산다'는 말이 있듯이, 사력을 다하여 기도할 때 참 마음자리의 무한능력이 분출되어 모든 소원이 이루어질 수 있는 것이고, 이를 응용하여 옛 스님들은 불전 3

천배(佛前三千拜)를 수십 일 또는 수백 일 동안 행하게 하였던 것이다.

사력을 다한 기도…. 이와 관련된 기도 이야기 한 편을 함께 음미해보도록 하자.

3) 매일 3천배를 삼칠일 동안

제1공화국 시절 말기에 치안국장을 지낸 이강학은 대구에서 태어났다. 공부를 열심히 하였던 그는 초창기 경찰대학을 수석으로 졸업하였고, 곧바로 이승만 대통령의 눈에 띄어 30대의 나이에 치안국장이라는 높은 자리에 앉게 된 것이다.

그리고 그의 어머니 대덕화(大德華)보살은 불심이 지극히 돈독한 분으로 열심히 팔공산 파계사를 다녔고, 차를 타고 가다가도 먹물 옷을 입은 스님만 보면 얼른 뛰어내려 큰절을 하고, 주머니를 털어서 얼마라도 보시를 해야 직성이 풀리는 분이었다. 대덕화 보살은 아들이 높은 권력을 쥔 치안국장이 되자 더더욱 여러 절을 찾아다니며 불사(佛事)를 많이 도왔고, 사찰에 어려운 일이 있을 때마다 적극 해결해주었다.

특히 당시는 자유당 말기 시절인지라, 아부하기를 좋아했던 지방의 경찰국장들은 치안국장의 어머니인 대덕화 보살이 움직일 때마다 친히 길 안내를 자청하였다.

하루는 팔공산의 사찰을 찾아갔더니, 경찰이 와서 주지스님을 잡아가려 하는 것이었다. 이유인즉, 스님이 큰 나무 하나를 베어 절 앞의 개울에 외나무다리를 놓았는데, 그것이 산림법 위반이라는 것이었다. 대덕화 보살은 길안내를 맡은 경찰국장에게 말했다.

"걸음도 제대로 못 걷는 나 같은 노인이 개울을 건너다가 넘어지기라도 하면 어떻게 되겠소? 외나무다리를 놓아야지."

"예, 지당하신 말씀입니다."

"그렇다면 이 주지스님 일도 잘 해결되겠지요?"

"여부가 있겠습니까?"

이렇게 대덕화 보살은 어려운 일의 해결사 노릇을 하였다. 사찰 입구의 길을 닦는 일, 법당을 짓기 위해 나무를 베는 일, 불상을 모시기 위해 돈을 모으는 일 등 당시 어렵던 절집안을 위해 헌신을 아끼지 않았다.

그런데 이승만 정권의 부정부패를 보다 못한 학생들이 봉기하여 4·19가 일어났고, 그 와중에서 군중을 향해 '발포하라'고 명령을 내린 죄로 내무부장관 최인규와 함께 아들 이강학이 사형을 선고받게 된 것이다.

양지가 음지되고 음지가 양지된다더니, 기정사실화된 아들의 죽음과 함께 대덕화 보살의 집안에는 온통 차압을 하겠다는 빨간 딱지가 붙었다. 72세의 대덕화 보살은 울고 또 울면서 팔공산 파계사까지 50리 길을 걸어갔다. 그리고 보성스님 앞에 엎드려 피눈물을 흘리며 하소연을 하였다.

"스님, 아들이 사형을 당하게 되면 저는 이 세상에 단 1분도 더 살아 있을 이유가 없습니다. 제 목숨이라도 바칠 테니 제발 아들을 살려주십시오."

"보살님, 아들을 꼭 살리고자 하면 부처님께 매달려 보십시오. 사람의 마음대로 되지 않는 일이라면 부처님께 의지하는 길밖에 없습니다. 그렇지만 보통 기도로는 통하지 않을 것입니다. 아드님을 30년 동안 키웠으니, 30년 키운 공만큼 부처님께 공을 들여야 할 것입니다. 죽기 살기로 기도해 보십시오. 부처님의 응답이 있을 것입니다."

"어떻게 기도를 할까요?"

"아들의 사형집행은 언제쯤 있을 것 같습니까?"

"한 달 정도 있으면 처형될 것입니다."

"그럼 7일 동안 매일 3천배씩 절을 하십시오."

"예, 아들만 살릴 수 있다면…."

아들을 살리겠다는 일념으로 3천배씩 7일을 하겠다고 다짐했지만, 유난히 뚱뚱한 체구의 늙은 대덕화 보살로서는 하루 3천배가 보통 힘든 일이 아니었다. 젊고 날렵한 사람들보다는 절 한번 하는데 2, 3배의 시간이 걸렸던 대덕화 보살. 첫날 1천배를 했을 때 그녀는 이미 파김치가 되어 있었다.

'아이구 죽겠다. 그놈이 죽을 팔자라면 죽고, 살 팔자라면 살겠지. 나는 못하겠다. 더 이상은 못하겠다.'

그녀는 10여 분을 누워 있다가 '내 아들이 죽으면 안 된다'는 생각이 들면 다시 일어나서 절하고 또 절하고…. 이렇게 3천배를 거의 하루 종일 걸려서 끝마쳤다. 둘째날도 셋째날도 그녀는 첫날과 같이 고달픈 몸과 '아들을 살려야 한다'는 마음의 싸움을 하며 정말 지루하게 절을 하였다.

그러다가 4일째 되는 날, 대덕화 보살은 마음을 굳혔다.

"죽을 목숨 살리기가 어찌 쉬운 일이랴. 나는 지금 하나밖에 없는 아들을 살리고자 부처님께 기도를 드리고 있다. 일념으로 빌고 또 빌어도 이루어지기 어려운 일인데, 몸 고달픈 것을 핑계 삼아 절을 할까 말까 망설이고 불평불만까지 하다니…. 내 목숨을 걸어놓고 정성껏 절을 해보자. 지금 내가 선택할 수 있는 것은 이 길밖에 없다."

이렇게 결심한 그녀는 4일째부터 이를 악물고 기도하기 시작했다. 어느새 발가락이 부르트더니 짓물러 터졌고, 무릎은 다 벗겨져 피멍이 들었으며, 나중에는 손톱 밑에까지 멍이 들어 한 배 한 배 절을 드릴 때마다 그렇게 고통스러울 수가 없었다.

그렇지만 대덕화 보살은 절을 멈추지 않았다. 7일이 거의 다 되었을 때는 기운조차 탈진되어 한번 엎드리면 머리가 무거워서 일어나기가 여간 힘들지 않았다. 한번 엎드리면 한참을 쉬었다 일어나고, 한번 엎드리면 또 한참을 쉬고…. 이렇게 하다가 그만 순간적으로 깜빡 졸게 되었다.

순간, 불단 위에 앉아 계시던 부처님께서 일어나시더니, 탁자를 밟고 내려와 앞에 서시는 것이었다. 대덕화 보살이 고개를 들어보니 조금 전까지 분명히 서계셨던 부처님은 보이지 않고 웬 스님 한 분이 동냥그릇을 든 채 손을 내밀고 계셨다. 본래부터 보시 정신이 강했던 대덕화 보살은 평소의 버릇대로 주머니를 뒤졌다.

"돈이 있는지 모르겠네."

이렇게 혼자 중얼거리며 주머니를 뒤적이자 돈 한 뭉치가 집히는 것이었다. 꺼내어보니 돈은 돈인데 빨간 색의 돈이었고, 감촉이 쥐 껍질을 벗겨놓은 것처럼 물컹한 것이 아주 기분이 나빴다. 액수를 세어볼 것도 없이 몽땅 드렸더니, 스님이 그것을 받고는 품속에서 하얀 카드 한 장을 꺼내주는 것이었다. 대덕화 보살은 무엇인지도 모른 채 그것을 받았고, 정신을 차려보니 꿈이었다.

그리고 다시 무거운 몸을 일으켜 절을 계속하였는데, 마지막 3천배가 끝나갈 무렵 법당 밖에서 스님의 음성이 들려왔다.

"보살님! 살았습니다. 아드님이 살게 되었어요."

"예? 살았다구요?"

"방금 내무부장관을 지낸 최인규는 사형이 확정되고, 아드님은 15년 징역으로 감해졌다는 라디오 방송이 있었습니다."

그 뒤 이강학은 몇 년 형을 살다가 특별사면이 되었고, 미국으로 이민을 떠났다.

༄

　만약 대덕화 보살의 이러한 기도가 없었다면 이강학은 틀림없이 죽었을 것이다. 곧 사력을 다한 어머니의 기도가 아들을 살렸던 것이다. 이처럼 지극한 기도는 나의 업이 아닌 다른 사람의 업까지도 능히 녹일 수 있다.

　일찍이 부처님께서는 '살인 등의 큰 죄를 범하였을지라도 불보살님 전에 지극히 기도를 하여 서상(瑞相)을 입으면 죄가 다 소멸된다'고 하셨다. 기도를 지극히 하면 어떠한 업장도 소멸될 수 있는 것이다.

　이 세상의 일이란 낮과 밤의 원리와 같다. 어둠이 다하면 밝음이 오고, 밝음이 다하면 어둠이 오게 되어 있는 것이다.

　이를 기도에 적용시켜보면, 어둠은 업장이요 밝음은 가피이다. 업장이 두터워 뜻과 같이 되지 않을 때 일월과 같은 부처님의 자비에 의지해 보라. 틀림없이 어두운 것이 사라지고 밝음이 오게 되어 있다.

　문제는 오직 나의 정성이니, 만약 업장이 두텁다면 사력을 다해 목숨을 걸고 기도할 필요가 있다.

　그 하나의 방법인 3천배 기도법은 과거 장엄겁(莊嚴劫)

의 1천 부처님, 현재 현겁(賢劫)의 1천 부처님, 미래 성숙겁(星宿劫)의 1천 부처님, 이렇게 3대겁(三大劫) 동안에 출현하는 3천 부처님께 각각 한 번씩의 절을 올리는 참회법이다.

만약 지금 우리에게 비상한 일이 일어나고 있다면 비상한 기도, 비상한 참회가 뒤따라야 한다. 참으로 큰일을 해결하고자 한다면 적어도 3천배를 3일 또는 7일, 나아가 21일 정도는 하여야 한다.

지금, 큰일이 눈앞에 이르렀다면 크게 마음을 일으켜 부처님께 매달려 보라. 이것만은 꼭 소원성취하게 해달라고, 잘못했으니 살려 달라고 하라. 부처님께 매달려 온 힘을 다해 기도하면 부처님의 밝은 가피는 나에게 이르기 마련이고, 가피력이 나에게 이르면 어두운 업장이 녹아들어 모든 일이 원만하게 풀리게 되어 있는 것이다.

수행자의 기도

 사람들은 기도를 현실적인 소원성취 또는 현재 처한 고난을 벗어나는 방편으로 생각하는 경향이 많다. 그러나 기도의 결실은 그 정도로 한정되어 있는 것이 아니다. 오히려 기도는 오도(悟道)의 한 방법으로서, 수행의 걸음마 단계에 있는 사람에게 올바른 길로 나아가게 하는 훌륭한 길잡이가 되기도 한다.
 또한 기도를 통하여 특별한 수행의 경지를 이루게 됨은 물론이요, 도를 깨닫는 경우도 많이 있다. 그러나 말만으로는 쉽게 이해가 되는 것이 아니므로, 실제 있었던 일들을 함께 살펴보면서 신심을 가다듬어 보자.

1) 기도로써 수행의 기틀을

세상의 그 어떤 일이든 처음은 언제나 중요하다.

수행자의 길에 들어선 사람도 예외는 아니다. 그들의 시작하는 마음, 그 첫마음은 너무나 순수하고 완전히 비어 있으며, 완전히 비어 있기 때문에 모든 것을 받아들일 준비가 되어 있다. 따라서 처음 시작할 때 수행의 기틀을 올바로 정립하면, 어디에서나 어느 때나 부처님의 깨달음을 접할 수 있게 되는 것이다.

그러므로 나는 처음 출가한 사람들에게 신심을 다 바쳐 기도함으로써 보이지 않는 업장을 녹이고 수행의 기틀을 잡을 것을 간곡히 권하곤 한다. 나 또한 수행 초기에 네 차례의 기도를 통하여 대발심(大發心) 용맹정진한 일이 있고, 우리가 잘 알고 있는 백용성(白龍城) 스님도 그러한 고승들 중의 한 분이다.

3·1운동 당시 33인의 한 사람이었던 백용성 스님은 천수대비주(千手大悲呪)를 외워 수행의 기틀을 바로잡은 고승이다.

유교 집안에서 태어난 스님이 불교와 첫 인연을 맺은 것은 1877년 14세 때의 일이었다. 꿈속에서 부처님의 수기(授記)를 받고 불경을 보기 시작했고, 남원 덕밀암(德密

庵)으로 출가하였으나 부모님의 강한 만류로 집에 돌아와야만 했다.

그 후 2년이 지난 16세 때 해인사로 찾아가 화월(華月)스님을 은사로 모시고 정식으로 출가하였으며, 17세 때 의성 고운사의 수월(水月)스님을 찾아가서 소년답지 않은 질문을 던졌다.

"나고 죽음은 인생에 있어 가장 큰일입니다. 모든 것은 무상하여 날로 변합니다. 어떻게 해야 생사도 없고 변하지도 않는 '나'의 성품을 볼 수 있습니까?"

그러나 당대의 대고승인 수월스님은 이 질문에 대한 답을 하지 않고, 먼저 천수대비주를 외울 것을 권하였다.

"지금은 숙업(宿業)이 무겁고 장애가 많아 견성법(見性法)을 너에게 일러주어도 제대로 이해할 수 없다. 대비주(大悲呪)를 부지런히 외우면 업장도 소멸되고 마음도 맑아져서 저절로 길을 알 수 있게 될 것이다. 얼마 동안은 아무 생각 말고 대비주만 외우도록 하여라."

수월스님의 가르침에 따라, 스님은 대비주를 10만 번 외우기로 스스로 다짐하고 부지런히 외웠다. 9개월에 걸쳐 대비주를 10만 번 외워 마쳤을 때 스님은 양주 보광사 도솔암(兜率庵)에 머물러 있었다. 그런데 불현듯 한 가지

의문이 솟아오르는 것이었다.

"산하대지와 삼라만상에는 모두 근원이 있다. 그렇다면 사람의 근원은 무엇인가? 보고 듣고 깨닫고 아는 근원은 어디에 있으며 어디에서 오는 것인가?"

이 의문을 일념으로 생각한 지 엿새가 되었을 때, 마치 깜깜한 방에 등불이 밝혀지듯 그 근원을 확연히 알 수 있게 되었다.

그 뒤 용성스님은 '무(無)' 자 화두를 꾸준히 참구하여 확철대오(廓徹大悟)하였으며, 일제의 대처불교에 대응하여 대각교운동(大覺教運動)을 전개하고, 역경사업에도 크게 공헌하였던 것이다.

§

우리는 스님의 깨달음과 모든 활동에 10만 독(讀)의 대비주가 힘의 원천을 이루고 있다는 사실에 주목을 해야만 한다. '대비주'도 좋고 '관세음보살'도 좋다. '나무아미타불'도 좋고 '마하반야바라밀'도 좋다. 무엇이든 한 가지를 택하여 부지런히 염하여 보라. 특히 지금 불법의 문턱에 들어선 사람이면 꼭 한 차례 깊이 기도를 할 필요가 있다.

어려운 교리나 의심도 나지 않는 화두를 들고 마구잡이로 씨름하기보다는, 스스로 마음을 정하여 업장을 녹이고 신심을 북돋울 수 있는 기도를 한바탕 열심히 하는 것이 장래의 수행에 훨씬 큰 도움을 주는 경우가 많기 때문이다.

그야말로 불보살의 가피를 입을 때까지, 아니면 7일 또는 삼칠일의 용맹스런 기도나 백일기도를 올리게 되면, 처음 출가했을 때의 순수한 그 마음에 믿음의 뿌리를 깊이 내리게 되어 해탈의 세계로 쉽게 나아갈 수 있게 되는 것이다.

2) 수행 중에 장애가 있을 때

그리고 수행을 하다보면 뜻과 같이 되지 않을 때가 많다. 번뇌가 치성할 때도 있고 세속 일에 대한 미련이 솟구칠 때도 있으며, 몸이 공연히 아프거나 뜻하지 않은 일에 휘말릴 때도 있다. 수행자는 이러한 일을 당했을 때 포기해서는 안 된다. 오히려 이러한 때에 필요한 것이 기도이다.

다시금 마음을 굳게 가지고 기도를 해보라. 새로운 힘

이 샘솟게 된다. 진정 참된 수행자라면 시련의 시기를 기도로써 극복하여 불보살님께로, 그리고 불보살의 경지로 더욱 가까이 다가서야 하는 것이다.

현대의 대선사 금오(金烏, 1896~1968) 스님이 젊었을 때인 1920년대 초기, 스님은 당대의 선지식인 수월(水月)스님을 뵙고 지도를 받기 위해 만주 봉천으로 향하였다.

그런데 조선 땅과 만주 땅과 러시아 땅이 합해지는 회령지방을 조금 지나 막 러시아 땅에 발을 들여놓았을 때, 마적떼들이 어느 부잣집을 털다가 반항하는 주인을 죽인 강도 살인사건이 발생했다. 갑자기 남편을 잃은 부잣집 안주인은 제정신이 아니었고, 범인 검거에 혈안이 되어 있던 러시아 경찰들은 불심검문을 하다가 장비처럼 생긴 금오스님을 체포하여 그 부인에게 보였다.

"이 사람이 그 마적떼요?"

"그런 것 같아요. 마적떼 대장과 비슷하게 생겼어요."

정신이 반쯤 나간 그 부인의 말 한마디에 금오스님은 완전히 범인으로 몰려 감옥에 갇히게 되었고, 고문을 당하면서 자백을 강요받았다.

"나는 수도하는 승려이지 마적떼가 아닙니다."

그러나 러시아 경찰은 믿지 않고 밤낮없이 고문을 계속하였다. 그러더니 며칠이 지나자 고문을 중단하고 감옥에만 가두어 놓는 것이었다.

'웬일일까? 고문도 그만두고 감옥에만 가두어 두다니…'

이렇게 고민을 하면서 지내던 어느 날, 한국인 한 명이 그 감방에 들어왔다. 학교선생인 그는 산골짜기에 아편을 심었다가 발각되어 잡혀온 것이라고 하면서 물었다.

"스님이 살인강도의 누명을 쓰고 들어온 분입니까?"

"그렇습니다."

"스님, 범인은 이미 잡혔습니다."

"그런데 왜 나를 석방시켜주지 않는 거요?"

"아마, 이 감옥에서 나가기가 어려울 걸요?"

"왜요?"

"우선 조선 사람은 나라가 없기 때문에 일본 사람들이 힘을 써주지 않습니다. 설사 러시아 쪽에서 풀어준다고 하더라도, 조선 사람이 러시아 감방에서 죄 없이 갇혀 있었다는 것을 구실로 일본은 러시아에 보상을 요구합니다. 러시아로서는 공연한 말썽거리가 생기는 것을 원치 않으므로, 차라리 감옥에서 죽도록 내버려두는 것입니다. 거기다가 보복을 두려워한 그 부잣집 안주인이 돈을 써서 스님을 풀어주지 못하도록 하였으니….”

'큰일 났구나. 이 감옥에서 살다가 죽어야 하다니! 이토록 난감하고 억울한 일이 어디 있는가? 필경 불보살의 가피를 입어 탈출을 하는 수밖에는 딴 도리가 없겠구나.'

금오스님은 감옥에서 가부좌를 틀고 앉아 관세음보살을 부르기 시작했다. 참선도 화두도 그만두고 오로지 관세음보살의 구원만을 갈구하며 부지런히 염불하였다.

사흘째 되는 날 밤, 어떤 사람이 철창 바깥에 나타나 감방 안을 들여다보며 주위를 살피는 것이었다. 보는 사람이 없는 것을 확인한 그가 쇠창살 두 개를 잡고 쑥 뽑아 올리자, 쇠창살이 그대로 빠져버리는 것이었다. 그는 뽑힌 쇠창살 사이로 고개를 들이밀어 스님을 향해 '씩―' 웃고는, 다시 쇠창살을 꽂아 놓고 사라졌다.

비몽사몽간에 이 일을 접한 금오스님은 자리에서 일어나 가운데 쇠창살 두 개를 뽑아보았다. 이상하게도 쇠창살이 쑥 뽑히는 것이었다. 스님은 감방을 빠져나와 형무소 문 쪽으로 다가갔고, 때마침 문지기들이 졸고 있어 몰래 기어 나올 수 있었다.

이렇게 완전히 형무소를 탈출하여 달려가다가 다리가 아파 수수밭에서 쉬고 있는데, 갑자기 말을 탄 간수들이 나타나 탈옥수를 찾는 수색을 시작하는 것이었다. 스님이 다시 안전한 곳을 찾아 피해 가는데, 한 간수가 말을 몰아 쫓아오더니 잡으려고는 하지 않고 묻기만 하는 것이었다.

"탈옥수 한 명이 지나가는 것을 보지 못했소?"

"보지 못했는데요."

"이상하다. 어디로 사라졌지?"

그는 더 이상 묻지 않고 다른 곳으로 달려갔다.

'이것이 관세음보살의 가피로구나.'

스님은 불보살님의 은혜에 크게 감격하면서, 만주 봉천의 깊은 산림 속 토굴에 계신 수월스님을 찾아가, 1년 동안 모시고 열심히 정진하였다.

ξ

금오스님은 후일 후학들을 지도하면서 그때의 일을 자주 들려주시고 이렇게 말씀하시곤 했다.

"참선하는 수좌도 가끔은 기도를 하는 것이 좋다."

이 금오스님의 말씀처럼 참선수행자도 장애가 있으면 한바탕 기도를 하는 것이 바람직하다. 기도를 하면서 원

(願)을 새롭게 가꾸고, 가피를 입을 일이 있으면 가피를 받는 것이 좋다. 그리고 한 번의 기도로 모든 것이 다 해결되지 않을 때도 있을 것이다. 그때는 도심(道心)에 걸림이 없을 때까지 거듭거듭 행하여야 한다.

누구든지 갈등이 있으면 기도하라. 장애가 많고 공부가 잘 되지 않으면 기도를 통하여 거듭거듭 발심하라. 불보살님께서는 틀림없이 큰 힘을 주실 것이다.

3) 기도의 극치는 깨달음

나아가 기도가 삼매를 이루어 오랜 시간 계속되면 곧바로 깨달음으로 이어지게 된다. 기도를 하여 힘이 드는 것도 시간 가는 줄도 모르게 고비를 넘기고 나면 묘력(妙力)을 얻게 되고, 참선을 하는 이라면 밥 먹고 잠자는 것도 잊는 경지에 들어서야 득력(得力)을 하게 된다.

그리고 여기서 한 걸음 더 나아가 모든 상대적인 경계와 생사(生死)마저도 초월하는 무심삼매(無心三昧)에 빠져들면 마침내 오도(悟道)의 경지에 이르게 되는 것이다.

우리에게는 널리 알려져 있지 않지만, 조선 선조 때 선하자(禪荷子)라는 스님이 계셨다. 이 스님은 벽송대사(碧松大師)의 제자요, 조선시대 제일의 고승으로 추앙받고 있는 서산대사(西山大師)의 사숙이 되는 분이다.

스님은 경상도 울산 출생으로, 일찍이 부모를 잃고 16세에 출가하여 전국의 유명한 사찰을 다니며 수행하였지만, 도를 이루는 것이 생각처럼 쉽지는 않았다. 24세가 되던 해, 스님은 크게 마음을 다져 잡고 많은 성현이 이적(異蹟)을 나타내 보였다는 묘향산 문수암(文殊庵)으로 가서 대오(大悟)의 서원을 세우고 정진하였다.

어느 날, 문수암 주위를 산책하던 스님은 건너편 선령대(仙靈臺)에서 하얀 옷을 입은 노인이 거닐고 있는 것을 보았다. 아무리 보아도 범속한 인물이 아닌듯하여 쫓아가 보았으나, 노인은 인홀불견(人忽不見), 간곳이 없었다. 참으로 이상한 일이었다. 두 번 세 번 눈을 씻고 거듭거듭 살펴보았지만, 그 족적(足蹟)조차 보이지 않았다.

'그분이 성현의 화신이 아니고서야 그럴 수 없다.'

이렇게 확신한 선하자 스님은 기도를 하여 기필코 그

노인을 만나보기로 결심을 하고, 백일기도에 필요한 양식을 구하기 위해 안주 땅으로 내려가 탁발을 시작했다.

하지만 단순히 필요한 양식을 구걸한 것이 아니라, 하루 일곱 집을 돌면서 정성껏 축원하며 탁발하였고, 탁발한 식량을 등에 지고 묘향산으로 돌아올 때는 한 걸음 옮기고 절을 한 번 하는 일보일배례(一步一拜禮)를 행하였다.

비지땀을 흘리며 산 중턱쯤 올라왔을 때, 16명의 조그마한 아이들이 놀고 있다가 스님을 반겼다.

"스님, 힘드시지요? 저희들이 올려다 드리겠습니다."

아이들은 스님의 짐을 빼앗다시피 하여 문수암까지 들어다주고는 흔적도 없이 사라졌다. 나중에 안 일이지만, 그 아이들은 일반 세속인이 아니라 선하자 스님의 정성에 감동하여 나타난 문수암의 16나한이었던 것이다.

그날부터 선하자 스님은 직접 마지(부처님께 올리는 밥)를 지어 올리며 백일기도를 시작했다.

"관세음보살, 관세음보살, 관세음보살…."

스님은 새벽부터 한밤중까지 목탁을 두드리며 관세음보살을 염창(念唱)하였을 뿐 아니라, 마지를 올리는 시간, 밥을 먹는 시간, 화장실을 가는 시간에도 계속해서 관세음보살을 염하였다. 나중에는 꿈속에서도 관세음보살을 염불하는 경지에 이르렀다.

마침내 백일이 흘러 회향날이 되었다. 스님이 마지막 마지를 지어 법당으로 올라가고 있을 때, 갑자기 커다란 망태기를 짊어진 늙수그레한 포수가 나타나 애원을 하는 것이었다.

"스님, 여러 날 동안 굶어 배가 고파 죽을 지경입니다. 제발 그 밥을 저에게 주십시오."

마음 같아서는 당장에 그 밥을 주고 싶었으나, 부처님께 올리는 공양인지라 스님은 도리어 포수에게 사정을 했다.

"영감님 사정을 보아서는 마땅히 이 공양을 드려야 하겠지만, 오늘이 바로 저의 백일기도를 회향하는 날입니다. 잠깐만 기다리시면 기도를 마치고 상을 차려 드리겠습니다."

그러나 포수는 막무가내였다.

"스님께서 마지를 올리고 나면 저는 배가 고파 죽어 있을 것입니다. 부처님께 마지를 올리는 것보다 불쌍한 중생 하나를 살리는 것이 더 뜻있는 기도가 아니겠습니까?"

"그렇기만 합니다만, 스스로 부처님께 깊이 맹세한 바

가 있어 어쩔 수 없습니다. 잠시만 기다려 주십시오."

"정히 그렇다면 할 수 없지. 이 총으로 스님을 죽이고 밥을 빼앗아 먹을 수밖에!"

포수가 총을 겨누었지만 스님은 뜻을 굽히지 않았다.

"여태까지도 굶었는데 잠깐 사이를 참지 못한다면 어찌 사람이라 하겠습니까? 나 또한 이 자리에서 죽는다 할지라도 마지를 부처님께 먼저 올리지 않고는 당신에게 밥을 드릴 수 없습니다."

선하자 스님이 그를 떨치고 법당으로 올라가자, 포수는 스님의 등을 향해 방아쇠를 당겼다.

"탕—!"

총소리는 온 산중에 메아리쳤다. 그러나 마땅히 죽어야 할 선하자 스님은 쓰러지기는커녕 그 순간 확철대오(廓徹大悟)하였다. 스님은 너무나 기뻐 덩실덩실 춤을 추며 가가대소(呵呵大笑)하였다. 그러다가 정신을 차려 주위를 둘러보니 포수는 간 곳이 없었다. 바로 그분은 포수가 아니라 선하자 스님의 정성을 시험하고 깨달음의 연(緣)을 심어주기 위해 나타난 문수보살님이었던 것이다.

8

　죽고 사는 것까지 넘어서서 깨달음을 이루고자 기도하는 사람에게는 반드시 깨달음이 다가서기 마련이다. 꼭 참선을 하여야만 도를 깨달을 수 있는 것은 아니다. 선하자 스님의 경우처럼 기도가 꿈속에서도 이루어지고 일념삼매(一念三昧)에 젖어들게 되면, 깨달음의 문이 저절로 열리게 된다는 사실을 잊지 말고 열심히 정진하여야 할 것이다.

IV
영가 천도 기도법

IV

살아 있는 존재들이 가장 싫어하는 것은 죽음이다. 가장 두려워하는 것도 죽음이다. 만약 사람이 죽지 않고 영원히 살 수 있다면….

그러나 지금껏 그러한 일은 없었다. 태어난 존재에게는 반드시 죽음이 찾아들고, 생겨난 것은 반드시 사라지게끔 되어 있다.

그렇다고 하여 죽음이나 사라짐으로 모든 것이 끝나는 것 또한 아니다. 그것은 새로운 시작이다. 죽음이 있기 때문에 새롭게 태어날 수 있는 것이다.

그래서 옛 성현들은 죽음을 '옷 갈아입는 일' 처럼 받아들였다. 옷을 오래 입어 낡았으니 새 옷으로 갈아입어야겠다며 담담히 받아들였다. 마이카 시대인 요즘으로 말하면, 오래 탄 헌 차를 버리고 새 차로 바꾸어 타는 것이 죽음이요 환생(還生)으로 본 것이다.

그럼 어떤 옷으로 갈아입고 어떤 차로 갈아타게 되는 것인가? 그 결정권은 '나 스스로 지은 바 업'이 쥐고 있다. 살아생전 내가 지은 행위, 내가 추구한 바를 좇아 인연처를 구하는 것이다.

극악(極惡)의 죄를 지은 사람은 지옥으로, 한평생 좋은 일만 하고 산 사람은 천상(天上)의 세계로, 탐욕에 찌든 존재는 아귀(餓鬼)의 옷을, 뚜렷한 원력(願力)을 세운 사람은 그 원을 이룰 수 있는 좋은 환경으로 나아가게 된다. 자기가 지은 업의 에너지가 맞는 사이클을 찾아 파고드는 것이다.

그 모든 중생이 살아 생전에 잘살고 훌륭한 원을 세워, 죽은 다음 좋은 곳에 태어난다면 무슨 근심이 있으랴? 자신뿐만 아니라 가족·이웃 모두가 편안한 마음을 가질 것이다.

하지만 죽은 사람의 한평생 업을 살펴볼 때 자유롭고 좋은 세상에 가지 못할 것 같은 느낌이 드는 경우도 많고, 망인이 좋게 환생할 것 같지만 보다 더 좋은 세계로 나아갔으면 하는 바람을 뒤에 남은 사람들은 갖기 마련이다.

이러한 중생의 열망에 응하여 부처님께서 설하신 것이 천도법(薦度法)이다. 불보살의 크나큰 자비를 근거로 삼아 죽은 이를 보다 좋은 세계로 나아갈 수 있도록 인도하는 영가천도의 묘법(妙法)이 우리 불교 집안에 마련되어 있는 것이다.

영가의 천도

1) 어느 학인 스님의 죽음

구체적인 영가 천도 기도법을 이야기하기 전에 한 편의 이야기를 통하여 우리가 꼭 알아두어야 할 영가에 대한 기본 상식 몇 가지를 살펴보고자 한다.

❁

수십 년 전 합천 해인사에서 있었던 일이다. 강원의 학승들이 가을 수확철에 장경각 뒤쪽의 잣나무 숲으로 잣을 따러 갔다. 그런데 잣나무가 워낙 높아 한 나무에 올라갔다가 다시 내려와서 다른 나무로 올라가려면 힘이 드니까, 몸이 재빠른 학인들은 가지를 타고 이 나무에서 저 나무로 그냥 건너뛰는 일이 많았다.

그날도 그렇게 잣을 따다가 한 학인이 자칫 실수하여 나무 밑으로 떨어지고 말았다. 마침 그 밑에 낙엽이 수북히 쌓여 있어 몸에 상처는 입지 않았지만 완전히 숨이 끊어지고 말았다.

그러나 그 학인은 자기가 죽은 것을 알지 못하였다. 다만 순간 어머님이 보고 싶다는 생각이 일어났고, 그 생각이 일어나자 그는 이미 속가의 집에 들어서고 있었다. 그는 배가 많이 고픈 상태에서 죽었기 때문에 집에 들어서자마자 길쌈을 하고 있는 누나의 등을 짚으며 밥을 달라고 하였다.

그런데 이게 어찌된 일인가? 어머니와 함께 길쌈을 하던 누나가 갑자기 펄펄 뛰며 머리가 아파 죽겠다는 것이었다. 누나가 아프다고 하자 면목이 없어진 그는 한쪽에 우두커니 서 있었는데, 어머니가 보리밥과 풋나물을 된장국에 풀어 바가지에 담아 와서는 시퍼런 칼을 들고 이리저리 내두르며 벼락같이 고함을 지르는 것이었다.

"네 이놈 객귀야, 어서 먹고 썩 물러가라."

그는 깜짝 놀라 뛰어나오며 투덜거렸다.

"에잇, 빌어먹을 집. 내 생전에 다시 찾아오나 봐라! 그래, 나도 참 별일이지. 중이 된 몸으로 집에는 무엇 하러 왔나? 더군다나 사람대접을 이렇게 하는 집에…. 가자. 나의 진짜 집 해인사로."

그리고는 해인사를 향하여 가고 있는데, 길 옆 꽃밭에서 청춘남녀가 화려한 옷을 입고 풍악을 울리며 신나게 놀고 있는 것이었다. 잠시 넋을 잃고 바라보고 있으니 한 젊은 여자가 다가와서 옷자락을 잡아당기며 유혹하였다.

"스님, 우리랑 함께 놀다 가세요."

"중이 어찌 이런 곳에서 놀 수 있겠소?"

"에잇, 그놈의 중! 간이 적어서 평생 중질밖에 못해 먹겠다."

사양을 하고 돌아서는 그를 보고 여인은 욕을 퍼부었다. 욕을 하든 말든 다시 해인사로 돌아오는데, 이번에는 예쁘장하게 생긴 여인이 길가에 서 있다가 붙잡고 매달리는 것이었다. 억지로 뿌리치고 걸음을 옮기는데, 이번에는 수건을 머리에 질끈 동여맨 수십 명의 무인들이 활을 쏘아 잡은 노루를 구워 먹으면서 함께 먹을 것을 권하였다.

그들도 간신히 뿌리치고 절에 도착하니, 재(齋)가 있는지 염불소리가 들려왔다. 그런데 아무래도 그 소리가 이상하였다. 가까이 다가가서 유심히 들어보니, 목탁을 두드리는 스님은 '은행나무 바리때' 뚝딱뚝딱 '은행나무 바리때' 뚝딱뚝딱 하고 있고, 요령을 흔드는 스님은 '제경행상' 딸랑딸랑 '제경행상' 딸랑딸랑 하고 있는 것이었다.

'참 이상한 염불도 다 한다'고 생각하면서 열반당(涅槃堂) 간병실로 가보니 자기와 꼭 닮은 사람이 누워 있는 것이었고, 그를 발로 툭 차는 순간 그는 다시 살아났다.

그런데 조금 전에 집에서 보았던 누나와 어머니는 물론 여러 조객들이 자기를 앞에 놓고 슬피 울고 있는 것이었다. 영문을 알 수가 없었던 그는 살아난 자신을 보고 기절초풍을 하는 어머니에게 여쭈었다.

"어머니, 왜 여기 와서 울고 계십니까?"

"네 놈이 산에 잣을 따러 갔다가 죽었지 않았느냐! 그래서 지금 초상 치를 준비를 하고 있었다."

세상이 진정 일장춘몽이었다. 그는 다시 어머니에게 물었다.

"어제 집에서 누나가 아픈 일이 있었습니까?"

"그럼, 멀쩡하던 애가 갑자기 죽는다고 하여 밥을 바가지에 풀어서 버렸더니 다시 살아나더구나."

그는 다시 자신을 위해 염불을 해주던 도반 스님에게 물었다.

"아까 내가 들으니 너는 은행나무 바리때만 찾고 너는

제경행상만을 찾던데, 도대체 그것이 무슨 소리냐?"

"나는 전부터 은행나무로 만든 너의 바리때를 매우 갖고 싶었어. 너의 유품 중에서 그것만은 꼭 가지고 싶다는 생각이 어찌나 강하게 나던지…. 너를 위해 염불을 하면서도 '은행나무 바리때'에 대한 생각을 떨쳐버릴 수가 없었어. 정말 미안하네."

"나도 역시 그랬다네. 네가 평소에 애지중지하던 『제경행상(諸經行相)』이라는 책이 하도 탐이 나서…."

죽었다가 살아난 학인은 그 말을 듣고 문득 깨닫는 바가 있어 무인들이 노루고기를 먹던 장소를 가 보았다. 그런데 사람들의 자취는 없고 큰 벌집만 하나 있었다. 꿀을 따는 벌들이 열심히 그 집을 드나들고 있을 뿐….

다시 미모의 여인이 붙들고 매달리던 곳으로 가보니 굵직한 뱀 한 마리가 또아리를 틀고 있었으며, 청춘남녀가 풍악을 울리며 놀던 곳에는 비단개구리들이 모여 울고 있었다.

"휴, 내가 만일 청춘남녀나 무사·미녀의 유혹에 빠졌다면 분명 개구리·뱀·벌 중 하나로 태어났을 것이 아닌가!"

2) 자력의 천도, 타력의 천도

해인사에서 실제로 있었던 이 이야기는 영가에 대한 몇 가지 중요한 사실을 우리에게 상기시키고 있다. 그것과 연결시켜 영가 천도에 대한 이야기들을 전개시켜 보자.

죽어서 육체를 이탈한 영(靈)은 업을 좇아 헤매이게 되고, 자기의 업과 인연이 있는 곳에 이르면 걷잡을 수 없는 유혹에 빠지게 된다. 비단개구리가 화려한 옷을 입고 풍악을 울리며 놀고 있는 청춘남녀로 보인 것이나, 또아리를 튼 뱀이 어여쁜 여인으로 보인 것도 한 예이다.

영혼은 자기가 태어나야 할 인연처에 이르면 그곳이 이 세상에서 가장 바람직한 낙원처럼 보이게 된다고 한다. 이것이 묘한 점이다. 까마귀로 태어날 영혼에게는 까마귀 둥지가 대궐보다 더 아름답게 보이게 되고, 그래서 그 대궐 같은 까마귀 둥지로 들어가 까마귀 새끼로 태어나고 만다. 스스로가 지은 업의 에너지가 맞는 사이클을 찾아 파고드는 것이다.

이것이 바로 무명업력(無明業力)이다. 있는 그대로를 보지 못하는 어둠이다. 이 업의 장벽에 가리어 까마귀 둥지를 까마귀 둥지로 보지 못하고 뱀의 몸을 뱀으로 보지 못

한다.

그렇다면 이렇듯 깜깜한 무명(無明)을 제거하여 있는 그대로를 보게 할 수 있는 방법은 없는가? 분명히 있다. 그리고 그 방법은 크게 두 가지로 나누어 볼 수 있는데 하나는 살아생전에 스스로 닦아 익힌 수행의 힘이요, 다른 하나는 49재 등의 타력적(他力的)인 천도의식을 통한 구원이다.

살아생전에 불경을 공부하고 참선·염불 등의 수행을 많이 한 사람은 죽은 후에도 미혹에 휩싸이지 않는다. 그러므로 모든 것을 있는 그대로 보아 스스로가 꼭 태어나야 할 곳에 태어나게 되는 것이다.

그리고 열심히 수행하지 않았더라도 부처님의 한 말씀 가르침, 예를 들어 『금강경』 사구게(四句偈) 한 구절이라도 마음에 깊이 새겨 좌우명으로 삼는 이라면 나쁜 악도(惡道)에 떨어지지 않게 된다.

옛날, 공부한 것이라고는 『금강경』 사구게 한 구절밖에 없는 스님이 평생토록 욕심을 부리다가 죽었다. 그 스님의 영혼은 이곳저곳을 헤매 돌아다니다가 대궐보다 더 화려해 보이는 까마귀 둥지가 너무나 좋게 보여 그곳에 들어가서 머물고자 하였다. 그때 허공에서 우뢰와 같은 소리가 들려왔다.

> 무릇 모양 있는 것은
> 모두가 허망한 것이다
> 만약 모양 있는 것이 모양 아닌 줄 알면
> 곧바로 부처님을 보리라
> 凡所有相 皆是虛妄
> 若見諸相非相 卽見如來

"네가 평소에 이것 하나만을 부지런히 외었거늘, 어찌 까마귀 둥지를 대궐보다 더 좋게 보고 들어가려 하느냐? 눈을 떠라. 눈을 떠라. 네가 그곳에 빠져들면 영원히 헤어나기 힘드느니라."

그 소리를 듣고 스님은 까마귀 둥지를 벗어나 새롭게 발심하고 불법을 잘 닦을 수 있는 인연처를 찾아 태어났다고 한다.

ༀ

그리고 우리 불가(佛家)에서 몇 년마다 윤달이 드는 해에 베푸는 예수재(豫修齋)도 같은 의도에서 마련된 의식이다. 사후세계를 위하여 미리 닦는 예수재. 이 예수재 때 수행을 잘하게 되면 그 공덕이 밑거름이 되어 능히 좋은 인연처로 나아갈 수 있게 되는 것이다.

하지만 예수재는 이름 그대로 '미리 닦는 것'이다. 단순히 몇 푼의 돈을 내고 형식적으로 이 절 저 절을 찾아다녀서는 아무런 보탬이 되지 않는다. 참으로 그 이름에 걸맞는 '예수재'가 되게 하기 위해서는 우리의 마음에 선심(善心)을 심고 부처님의 가르침을 담아 내생까지도 구제할 수 있는 불연(佛緣)을 맺어야 하는 것이다.

부처님께서 예수재를 마련한 참 뜻이 우리가 죽음을 생각하고 깨달음의 씨를 심도록 인도하기 위함에 있다는 것을 예수재에 참여하는 우리는 결코 잊지 말아야 한다.

만약에 우리가 부처님의 가르침을 따라 참된 원을 심고 깨달음을 이루는 공부를 배워 익힌다면 어찌 죽음을 두려워하고 생사윤회를 두려워하겠는가? 오히려 죽음을 옷을 갈아입듯이 담담하게 받아들이고 내생을 새로운 희망으로, 정진의 터전으로 받아들일 수 있게 될 것이다.

이러한 마음가짐만 가지고 수행하면 자기 영혼은 능히 스스로 천도할 수 있게 된다. 이것이 바로 자력천도(自力薦度)인 것이다.

또 하나의 방법인 타력천도(他力薦度)는 다른 사람이 죽은 자로 하여금 좋은 인연처로 나아갈 수 있도록 빛을 비추어 주는 것이다. 그러나 이것은 단순한 의식이 아니다. 바로 망자의 마음을 바꾸는 법문이다.

망자가 살아생전에 탐욕과 성냄과 어리석음 속에서 한 평생을 보냈으니 죽었다 하여 어찌 그 마음이 바뀌겠는가? 자연 그 마음은 어둡지 않을 수가 없고, 바로 그러한 마음을 밝혀주기 위해 행하는 것이 공양·독경·염불·법문 등으로 구성되어 있는 재의식(齋儀式)인 것이다.

살아 있는 사람이 마음을 고쳐서 새 사람이 되듯이, 영가도 염불과 법문을 듣고 마음을 바꾸어 참회하면 깨달음의 세계로 나아갈 수 있게 되는 것이다.

아울러 우리는 재를 지낼 때 준비하는 음식이나 법공양하는 책에 대해 다시 한 번 생각해 볼 필요가 있다.

일반적으로 재를 지낼 때 충분한 음식을 마련하여 베푸는 것은 망인으로 하여금 재시(財施)의 공덕을 쌓도록 하는 것이고, 각종 불교서적을 법공양하는 것은 법시(法施)의 공덕을 쌓도록 하는 것이다. 따라서 이때의 법공양은 특히 의미가 있도록 행하여야 한다.

곧 법공양은 망인을 대신하여 법문을 베푸는 것이므로, 그 책을 받아 읽는 사람이 불교의 진리를 잘 이해하여 발심을 할 수 있도록 이끌어주어야 한다. 곧 최상의 공덕인 발보리심(發菩提心)을 이룰 수 있도록 하는 책을 선정하여 법공양을 하는 것이 가장 바람직한 길인 것이다. 요즘 같은 시대에 어려운 한문 경전이나 난해한 불경을 준다한들 누가 그것을 이해할 수 있겠는가?

그러므로 법공양 책을 선택하는 스님이나 가족들도 꼭 어려운 불경만을 고집할 것이 아니라, 부처님의 가르침을 쉽게 전할 수 있고 인생과 수행에 도움을 줄 수 있는 불서를 채택한다면 그보다 더 좋은 것이 없을 것이다. 내가 이것을 굳이 강조하는 까닭은 법공양한 책을 읽은 이들이 발심할 때라야만 그 공덕이 망인에게 참된 도움을 줄 수 있고 밝음을 가져다 줄 수 있기 때문이다.

부디 법공양을 하는 스님·가족·친지들은 이 사실을 잊지 말기 바란다.

3) 영가와 통하는 것은 마음과 마음

이제 재를 지내거나 독경·염불하는 이의 마음가짐에 대해 이야기해 보자.

영가를 천도할 때는 의식을 집전하는 스님이나 가족 할 것 없이 매우 조심할 점이 하나 있다. 그것은 반드시 마음을 하나로 모아 천도를 하라는 것이다.

앞의 해인사 학승 이야기에서도 살펴보았듯이, 입으로만 염불을 하고 마음으로는 딴 생각을 품고 있으면 결코 천도가 되지 못한다. 한 스님은 요령을 흔들면서『제경행상』이라는 책을 생각했고, 한 스님은 목탁을 두드리면서 '은행나무 바리때'를 탐하였다. 결국 영혼은 염불 한마디 듣지 못하고 엉뚱한 소리만 들었던 것이다.

곧 영가는 우리의 말이나 행동을 읽는 것이 아니라 마음을 읽는다. 영가와는 마음과 마음, 생각과 생각으로 서로 통할 뿐이다. 이것을 명심해야 한다.

'염불보다는 잿밥'이 되어서는 절대로 올바른 천도가 될 수 없다. 오직 마음을 모아 지극히 염불을 할 때 영가에게 참된 깨우침을 줄 수 있는 것이다.

한 가지 사항을 더 부언한다면 영가 천도를 위한 관음시식(觀音施食) 중, 4다라니(四陀羅尼)를 외울 때는 특히 관(觀)을 잘해야 한다는 것이다. 4다라니는 변식진언(變食眞言)·시감로수진언(施甘露水眞言)·일자수륜관진언(一字水輪觀眞言)·유해진언(乳海眞言)의 넷으로 이루어져 있다.

먼저 변식진언을 세 번 외움에 있어, 첫 번째는 밥 한 그릇이 일곱 그릇으로 변하는 것을 관하고, 두 번째는 일곱 그릇이 마흔아홉 그릇으로 변하는 것을 관해야 하며, 세 번째는 수없이 많은 공양물로 변하는 것을 마음속으로 관해야 한다.

감로수진언을 외울 때도 마찬가지이다. 옛말에 '하늘사람은 물을 유리 궁전으로 보고, 사람은 물로 본다. 고기는 물속에 살면서도 물을 보지 못하고, 귀신은 물을 불로 본다[天見琉璃人見水 魚不見水鬼見火].'고 하였다. 이와 같이 귀신은 물을 불로 보기 때문에 감로수를 주는 것을 생각하면서 감로수진언을 외워주지 않으면 물을 마실 수가 없다고 한다.

실로 변식을 이루어내고 감로수를 마실 수 있게 하는 것은 주문의 힘과 관상력(觀想力), 삼보(三寶)의 신력(神力)으로 말미암아 이루어지는 것이다. 그러므로 4다라니를 할 때는 반드시 마음으로 관(觀)해야 한다.

흔히들 기도나 영가 천도는 백 명이 하는 것보다 도력 있는 스님 한 분이 하는 것이 낫다고 말하는 것도 도력 있는 스님의 관상력이 그만큼 뛰어나기 때문이다. 그러므로 도력이 있는 스님은 의식문이나 진언을 외우지 않고 가만히 관을 하고 앉아 영가에게 곧바로 설법을 하는 것이다.

명심하라. 영가는 마음으로 통하는 존재이다. 내 마음을 그릇되게 가질 때 영가는 천도되지 않는다. 잡된 생각을 비우고 마음을 하나로 모으는 것. 이것이 영가 천도의 가장 요긴한 비결이라는 것을 잊어서는 안 된다.

이제 여기까지 읽은 재가신도들은 이러한 의문을 가질 수도 있을 것이다.

"관을 통한 천도나 49재 등의 전문적인 천도법을 보통 사람이 할 수 있는 것은 아니다. 일반인이 쉽게 할 수 있는 천도법은 없을까?"

그렇다. 복잡하고 전문적인 천도법은 작법(作法)을 제대로 익힌 스님들께 의뢰하면 된다. 그리고 재가인들은 자기의 형편과 능력에 맞는 방법으로 앞서간 부모나 친척·친구 등을 천도해주면 된다. 오직 내 진실한 마음만이 가까운 이의 영혼을 좋은 세상으로 인도해줄 수 있다는 것을 명심하면서….

이제 누구나 쉽게 할 수 있는 천도법에 대해 함께 살펴보도록 하자.

광명진언을 외우며

1) 생활 속의 천도법

우리 불자들이 일상생활을 하면서 쉽게 할 수 있는 천도법에는 여러 가지가 있다.

가장 널리 알려져 있는 방법은 '나무아미타불'을 외우는 일이다. 죽은 이가 무량한 수명과 무량한 빛의 부처님인 아미타불께 의지하여 극락왕생하기를 기원하는 것이다.

또 '지장보살'을 부르는 방법도 있다. "모든 중생을 남김없이 해탈시킨 다음 부처가 되겠다"고 맹세한 지장보살의 원력(願力)에 의지하는 것이다. 실제로 지장보살은 염라대왕을 비롯한 명부의 10대왕이 심판을 할 때 심판을 받는 이의 옆에 서서 해탈법문을 설해주고, 또 염라대왕에게 좋은 판결을 내려줄 것을 부탁한다고 한다.

이밖에도 『지장경』・『금강경』・『아미타경』・『법화경』

등의 불경을 읽어주면서 영가의 극락왕생을 기원하는 방법도 있다. 앞에서도 이야기하였지만 역시 이 경우에도 경을 입으로만 외워서는 안 된다. 스스로 뜻을 해득하여 한 구절 한 구절을 마음으로 새기면서 읽어야 한다. 경을 읽어 주는 것은 곧 설법을 하는 것인데, 읽는 사람이 뜻도 모르고 읽는다면 어떻게 죽은 이의 영혼이 알아듣고 이해할 수 있겠는가?

이밖에도 다라니를 외우거나 사경(寫經)을 하거나 영가에게 보살계(菩薩戒)를 주는 등의 여러 가지 천도 방법이 있지만 나의 경험으로는 사람들에게 일러주어 가장 빨리, 그리고 크게 효험을 본 것으로 광명진언 천도법을 꼽을 수 있다. 광명진언(光明眞言)은 29글자로 이루어진 매우 짧은 진언이다.

옴 아모가 바이로차나 마하무드라
마니 파드마 즈바라 프라바를타야 훔

이 진언은 부처님의 한량없는 자비와 지혜의 힘으로 새로운 태어남을 얻게 하는 신령스러운 힘을 지니고 있다. 아무리 깊은 죄업과 짙은 어두움이 마음을 덮고 있을지라도 부처님의 광명 속에 들어가면 저절로 맑아지고 깨어나게 된다는 것이 이 진언을 외워 영험을 얻는 원리이다.

일찍이 신라의 고승 원효대사(元曉大師)는 그의 저서인 『유심안락도 遊心安樂道』에서 이 진언의 공덕을 크게 강조하셨다.

만일 중생이 이 진언을 두 번이나 세 번, 또는 일곱 번을 귀로 듣기만 하여도 모든 죄업이 없어지게 된다. 또 중생이 십악(十惡)과 오역죄(五逆罪)와 사중죄(四重罪)를 지어 죽은 다음 악도에 떨어질지라도 이 진언을 외우면 능히 해탈을 얻을 수 있다. 특히 그릇에 흙이나 모래를 담아놓고 이 진언을 108번 외워 그 모래를 시신 위에 흩거나 묘지 또는 묘탑(墓塔) 위에 흩어주면 비로자나부처님의 광명이 망인에게 이르러 모든 죄업을 소멸시켜 줄 뿐 아니라, 서방 극락세계의 연화대로 인도하게 된다.

......

비록 남이 지은 공덕을 자기가 받는 이치는 없다고 하지만, 인연만 있으면 생각하기 어려운 힘을 일으킬 수가 있다. 그러므로 진언을 외우고 모래를 뿌려보라. 곧 새로운 인연이 맺어질 것이다.

……

모래를 묘 위에 흩는 것만으로도 극락왕생하거늘, 하물며 진언으로 옷을 지어 입고 소리를 내어 외우면 어떠하겠는가? 모래를 흩는 공덕보다 진언을 외우는 공덕이 더 수승함은 말할 것도 없다.

실제로 원효대사께서는 항상 가지고 다니던 바가지에 강변의 깨끗한 모래를 담아 광명진언을 108번 외운 다음, 그 모래를 묘지나 시신 위에 뿌려 영가를 천도했다고 한다.

우리 불자들도 성묘 또는 묘사를 지내러 갈 때 이러한 모래를 준비하여 조상들의 묘 위에 뿌려줌이 좋으리라. 그리고 집안에 상(喪)을 당했을 때, 절에서 49재를 지냄과 동시에 그 49일 동안 집안에서 매일 광명진언을 외워주면 매우 좋다.

많은 시간을 할애하지 않아도 좋다. 향 한 자루가 타는 30분 또는 1시간이면 족하다. 망인(亡人)의 사진 앞에 앉아 입으로는 광명진언을 외우고 마음으로는 극락왕생을 기원하면 된다. 틀림없이 크나큰 영험이 있을 것이니, 상주가 된 불자들은 적극 실천해 보기를 당부 드린다.

2) 영가의 장애가 있을 때도 광명진언

광명진언은 망인의 천도뿐만 아니라, 영가의 장애가 있어 원활한 삶을 이루지 못할 때 외워도 큰 효험을 볼 수가 있다.

사람들은 불행이 닥칠 때 흔히들 조상을 탓한다. "조상도 무심하다"는 것이다. 그런데 이 말 뒤에는 부모·친척·조상 등의 영혼이 나를 돕지 않는다는 뜻이 숨겨져 있다.

바꾸어 말하면 영가의 장애로 말미암아 꼭 이루어져야 할 일이 시원스럽게 풀리지 않고 더욱 꼬이기만 한다는 것이다. 그리고 병이 들어 병원을 가도 병명조차 밝히지 못하게 되면 영가의 장애로 말하는 경우가 많다.

답답한 마음에 점장이를 찾아가면 제삿밥을 받아먹지 못하는 등의 죽은 조상을 들먹이면서 굿 할 것을 강요하는 경우가 많다.

물론 영가의 장애가 없는 것은 아니다. 아니, 어떤 사람에게는 틀림없이 영가의 장애가 있다. 특히 꿈 가운데 영가가 자주 보이게 되면 영가 장애의 신호로 보아도 거의 틀리지 않는다.

하지만 삶의 어려움이나 영가의 장애가 찾아든다고 하여 굿을 하는 등의 미신(迷信)에 빠져서는 안 된다. 미신은 다른 것이 아니다. 자기의 바른 마음에 대한 믿음을 잃어버리고 엉뚱한 힘에 끌려가게 되면 그것이 미신이다.

특히 부처님의 법을 따르는 불자들은 부처님께서 우리를 위해 마련해놓은 적절한 방법으로 현재의 어려움을 해결해 나가면 되는 것이다.

만약 지금 '나'에게 영가의 장애가 있다면 광명진언을 외워보라. 삼칠일[21일]을 기한으로 삼고 매일 밤 향 하나를 피워놓고 30분씩만 광명진언을 외우면 모든 장애는 저절로 풀어진다. 장애가 풀어질 뿐만 아니라, 오히려 지금까지 방해를 하던 영가가 우리를 도와주기까지 한다.

나는 40여 년 동안 영가의 장애로 고생하는 많은 사람들에게 이 광명진언법을 일러주었고, 그 결과 광명진언을 외운 모든 사람들이 하나같이 가피를 입는 것을 볼 수 있었다. 그 중 두 가지 경우만 함께 살펴보자.

내가 이 광명진언을 한 신도에게 처음 일러준 것은 나이 30세 무렵, 태백산 도솔암에서 홀로 6년 정진을 하고 있을 때였다.

볕이 따스한 5월의 어느 날, 피골이 상접하고 얼굴이 백짓장처럼 핏기가 없는 한 보살이 두 여인의 부축을 받고 간신히 도솔암으로 올라와서 하소연을 하였다.

"스님, 저를 좀 살려주십시오."

"왜 그러십니까?"

보살은 자신의 애타는 사연을 이야기하였다.

처녀 시절, 제법 어여쁜 미모를 지녔던 그녀는 한 총각에 대해 연민의 정을 가졌고, 그 총각도 그녀에게 사랑의 마음을 갖고 있었다. 그러나 그들은 서로의 마음을 털어놓지 못한 채, 부모가 정해주는 사람에게로 장가를 가고 시집을 가게 되었다. 그런데 채 10년도 되지 않아서 그녀의 남편은 물론 그 남자의 부인도 죽고 말았다.

결혼하기 전부터 서로 마음을 두었던 그들은 홀아비와 과부로 새롭게 만나 자연스럽게 결합하여 결혼식을 올렸다. 새 남편이 전처 소생의 아이 둘을 데려오기는 하였지만, 자신의 아이가 없었던 그녀는 정성껏 남편과 아이들을 돌보면서 행복하게 살고 있었다. 그렇게 1년 가량을 살았을 무렵, 그녀의 꿈에 남편의 전처가 나타나서 치하를 하는 것이었다.

"내가 낳은 자식을 키우느라고 고생이 많다. 아이들의 성질이 사납고 까다로운데 네가 와서 잘 키워주니…. 어쨌든 고맙다."

처음 이렇게 찾아온 전처는 그 후 매일 밤 꿈에 나타나서 몸을 쓰다듬으며 말을 하였다.

"네가 욕보는 줄 내가 잘 알고 있네. 욕보는 줄 알고 있어…."

그런데 잠에서 깨어나면 전처가 꿈속에서 쓰다듬었던 자리가 그렇게 아플 수가 없는 것이었다. 그것도 하루 이틀이 아니라 매일같이 계속되자 그녀의 몸은 몽둥이찜질을 당한 것과 같이 되고 말았다. 마침내 신경이 날카로워진 그녀는 꿈속에서 전처에게 말대꾸를 하기 시작했다.

"내가 욕보는 줄 알면 그만이지, 왜 자꾸 찾아와서 귀찮게 구는 거야?"

"왜 신경질을 부리고 그러냐? 후처로 들어온 주제에!"

이렇게 말다툼으로 시작된 것이 마침내는 매일 밤 꿈에서의 계속된 싸움으로 이어졌다. 귀신을 상대로 하여 비방하고 헛된 소리를 하며 밤마다 잠을 설치기를 1년, 마침내 그녀는 피골이 상접하여 죽지 못해 사는 사람이 되고 말았다. 그때 마을의 이웃 아낙네들이 "태백산에 공부를 아주 열심히 하는 스님이 있으니 찾아가 보자"고 해서 부축을 받으며 30리 길을 걸어 왔다는 것이었다.

'어떻게 하는 것이 좋을까?'

궁리하던 나는 원효대사의 『유심안락도』에 기록된 말씀이 생각이 나서 광명진언을 적어주고 단단히 일렀다.

"이 광명진언을 부지런히 외우면서 마음으로 '그분에게 지혜의 광명을 주옵소서' 하고 기원하십시오. 그분은 지혜가 어두워 죽어서까지 이 세상에 대한 애착을 놓지 못하는 불쌍한 존재입니다. 부디 미워하지 말고 그분에게 지혜가 생기도록 부지런히 광명진언을 외워 주십시오."

"예, 꼭 스님 말씀대로 하겠습니다."

그로부터 한 달 뒤, 그녀는 제법 살도 찌고 혈색이 도는 얼굴로 촌과자 한 보따리를 들고 와서 이야기를 하였다.

"광명진언을 외우기 시작하자 죽은 전처가 문턱까지 와서는 들여다보고 가고, 문턱까지 와서 보고 가기를 며칠 동안 하더니, 이제는 꿈에 나타나지 않습니다. 스님 덕분에 저는 살았습니다."

그때 나는 광명진언에 대한 깊은 믿음과 자신감이 생겼다. 그리고 약 20년 전에 있었던 한 여교사의 경우는 광명진언의 큰 힘을 새삼 일깨워주기까지 하였다.

1974년 가을, 마흔이 갓 넘은 혼자 사는 여교사가 해인사 지족암으로 나를 찾아왔다. 물론 그녀는 독신주의자도 아니었고 마음에 드는 남자가 없었던 것도 아니었다. 하지만 그녀는 자기의 인생을 자기의 의지로 살아갈 수가 없었다. 그 시작은 다시 20년 남짓 거슬러 올라간다.

그녀의 나이 스물셋, 막 대학을 졸업한 그녀는 8개 국어에 능통하며 서울대학교를 수석으로 졸업한 청년과 결혼을 앞두고 있었다. 한창 행복감에 겨워 결혼 준비를 서두르고 있던 어느 날, 신랑 될 청년이 그녀의 집으로 오기 위해 대구 북비산 옆의 횡단보도를 건너다가 차에 치어 즉사하고 말았다.

그런데 정말 묘하게도, 그 남자가 죽은 지 꼭 만 1년이 되던 날, 바로 그 장소에서 그녀의 남동생도 차에 치어 즉사하고 만 것이다.

1년 사이에 사랑하는 두 남자를 한 장소에서 잃어버린 그녀에게 이 세상은 그야말로 지옥이었다. 애인과 남동생 생각만 하면 그녀는 가슴이 답답해짐을 느끼다가, 마침내는 가슴이 빠개지고 쫙 벌어지는 듯한 아픔을 느껴야 했다. 병원을 찾아가도 "별 이상 없다"는 말뿐이었다.

다소나마 자신의 아픔을 진정시키려면 산으로 올라가 미친 듯이 소리를 질러야만 했다. 학교를 쉬는 날이면 어김없이 이 산 저 산을 찾아가다보니 전국에 안 가본 산이 거의 없을 지경이었다.

그런 중에도 아름다운 미모를 가진 그녀였으므로 많은 남자들로부터 청혼을 받게 되었다.

'이렇게 살면 무엇 하나? 나도 결혼을 하여 안정을 찾아야지.'

그런데 막상 결혼을 하기로 작정을 하면 뜻하지 않는 일이 일어나서 항상 어긋나버리는 것이었다. 그것도 한두 번이 아니라 수십 번도 더 계속되었다. 10여 년을 이렇게 지낸 그녀는 살아 있는 것 자체가 고통스러웠다. 답답한 가슴을 부여잡고 설악산을 찾았던 어느 날, 그녀는 생각하였다.

'내 전생에 무슨 몹쓸 죄를 지었길래 잘살아 보려고 해도 안 되고 제멋대로 사는 것도 되지 않는 것인가? 더 이상은 견딜 수 없다. 차라리 죽어버리자.'

그녀는 양폭산장 가까이에 있는 높이 수십 미터의 폭포

위로 올라가서 배낭을 맨 채 뛰어내렸다. 하지만 죽기는 커녕 다친 곳 하나 없었다. 오직 엉덩이 부분만 약간 얼얼할 뿐이었다.

'아마 산에서는 죽을 팔자가 아닌가 보다. 그렇다면 내일 바다에 가서 죽으리라.'

이렇게 생각하고 여관을 찾아가서 잠을 자는데, 꿈에 정체를 알 수 없는 남자 네 명이 그녀의 사지를 한쪽씩 잡고 정신없이 흔들어 대는 이상한 꿈을 꾸었다. 그러나 그녀는 그다지 개의치 않고 날이 밝자 곧바로 낙산사 홍련암 옆의 바위 위로 올라가서 시퍼런 동해 바닷물 속으로 몸을 날렸다. 그녀는 몇 모금의 바닷물을 마시다가 완전히 의식을 잃고 말았다.

그런데 조금 지나자 극심한 요동이 느껴졌고, 억지로 눈을 떠보니 어젯밤의 꿈처럼 네 사람의 남자가 물을 토하게 하기 위해 자신의 몸을 거꾸로 들고 흔들어 대고 있었다. 인근 마을의 어부인 그들이 때마침 고기잡이배를 저어 가다가 바다 속으로 뛰어드는 그녀를 보고 구조를 한 것이었다. 하지만 그녀는 죽음을 포기하지 않았다. 오히려 '죽는 것도 마음대로 안 된다'는 사실에 울화가 치밀어 올랐다.

집으로 돌아온 그녀는 이 약국 저 약국을 돌면서 수면제를 사 모았고, 약 2백 알이 모이자 한꺼번에 몽땅 삼킨 다음 이불 위에 반듯하게 누워 숨이 끊어지기를 기다렸다. 그런데 졸음은커녕 갑자기 배가 크게 뒤틀리더니 속에 있는 똥물까지 다 토하고 말았다.

그 후에도 두 차례 더 자살을 기도하였지만 그녀의 뜻대로 되지 않았고, 우연히 태백산으로 등산을 갔다가 나를 한번 찾아가보라는 말을 듣고 오게 되었다는 것이다.

여기까지 이야기를 들은 나는 그녀에게 영가의 세계와 영가의 장애에 대해 간략히 일러주고 두 남자를 위해 광명진언을 외울 것을 권하였다.

"죽은 두 남자의 영혼이 좋은 곳으로 가지 못하고 귀신이 되어 장애를 만들고 있는 것이니, 삼칠일 동안 광명진언을 외우면서 기도해 보시오. 낮 동안은 편안한 마음으로 직장생활을 하고, 저녁에 집으로 돌아와서 깨끗이 몸을 씻고 향 하나가 다 탈 동안만이라도 지극히 외워보십시오. 그리고 두 사람의 이름을 되뇌이며 극락왕생을 기원하면 두 영가 또한 더 이상 이 세상에 집착하지 않고 좋은 곳으로 떠나갈 것입니다. 그리고 삼칠일 기도가 끝나면 손수 찬을 마련하여 이곳에 와서 두 사람을 위한 제사를 한번 지내주도록 하십시오. 염불은 내가 해 줄테니….”

그녀는 내가 주는 향 한 묶음을 받아 집으로 갔다가 삼칠일이 지난 다음 지족암으로 다시 찾아왔다.

"스님, 삼칠일 기도가 끝나는 날, 저는 식은땀을 비 오듯 흘리며 꿈을 꾸었습니다. 어디에서 나타났는지 큰 뱀 두 마리가 나의 팔을 하나씩 칭칭 감고 양쪽으로 잡아당기는데 닭 가슴이 벌어지듯 저의 가슴이 '쩍' 하고 벌어지는 것이었습니다. 순간 저는 제 가슴이 그토록 아팠던 까닭을 깨달을 수 있었습니다."

하지만 그녀는 그 뱀들을 어떻게 할 수가 없었다. 오히려 두려운 생각에 끊임없이 '살려 달라'고 소리쳤다. 그때 머리를 박박 깎은 양복차림의 사람이 나타나더니 정육점에서 고기를 찍을 때 사용하는 갈고리로 뱀의 머리를 콕콕 찍어 밖으로 내던지는 것이었다. 그러자 한 마리는 그 자리에서 죽어버리고 한 마리는 조그마한 새끼 뱀으로 변하여 사라져버렸다.

꿈에서 깨어나자 그토록 오랫동안 자신을 괴롭혔던 가슴의 통증은 씻은 듯이 사라졌다고 한다.

그녀와 나는 준비해 온 음식으로 두 남자를 위한 제사

를 지내주었고, 그녀는 그 뒤 훌륭한 불자요 훌륭한 선생님으로 열심히 살고 있으며, 지금도 가끔씩 나를 찾아오고 있다.

3) 영가도 중생이다

이상의 두 이야기를 통해 느낄 수 있듯이 광명진언의 묘한 힘은 참으로 불가사의한 것이다. 그렇지만 이 진언의 위력 못지않게 우리의 마음가짐 또한 중요하다. 곧 어떠한 경우라도 영가를 쫓아내려고 생각해서는 안 된다.

서양의 종교나 무속에서는 영가의 장애가 생기면 이를 악마의 장난 또는 삿된 영혼으로 인정하고 무조건 쫓아내려고 한다.

하지만 우리 불교에서는 다르다. 영가는 추방당해야 할 존재가 아니라 구제를 해주어야 할 또 하나의 중생이다. 도리어 장애를 일으키는 영가일수록 제가 안착해야 할 세계로 가지 못하고 떠돌아다니는 불쌍한 중생인 것이다.

그러므로 절대로 귀신을 추방하겠다는 자세로 천도를 하지 말아야 한다. 천도(薦度)는 말 그대로 피안[度]으로 나아가도록 인도하는 것이다. 피안의 세계로 인도하는 것과 쫓아내는 것은 그 의미가 너무나 다른 것이다. 영가를 추방의 대상으로 보아서는 제도는커녕 싸움만 일어나게 된다.

우리는 영가의 세계를 달리 보려고 하지 말아야 한다. 사람과 사람들이 이 세상에서 인정을 나누듯이 영가에게도 정을 쏟고 마음을 주면 되는 것이다. 피안의 세계로 인도하고자 하는 자비심으로 대하면 그릇된 일이 어찌 일어나겠는가? 더욱이 광명진언과 같은 불가사의한 힘이 함께 하고 있으니….

만약 선대 조상이나 가족·친족·친구 중에서 마음에 걸리는 이가 있다면 삼칠일의 기간을 정하여 광명진언을 외우며 기도해주도록 하자. 그리고 유산이나 낙태 등으로 인해 마음이 편안하지 않다면, '나' 와 인연이 닿지 않은 그 영(靈)을 위해서도 삼칠일의 기도를 해주는 것이 좋다.

부디 명심하라. 귀신의 세계는 인간의 세계와 크게 다를 것이 없다. 이 모두가 마음과 마음으로 통하고 정으로 통할 수 있기 때문에, 광명진언이나 부처님의 경전을 읽어주면서 망인의 이름으로 공덕을 쌓도록 해주고 축원을 해주면 반드시 천도, 곧 피안의 세계로 나아갈 수 있게 되는 것이다.

우리 모두 참된 불자답게 천도를 할 일이 있으면 법에 맞게 천도를 하자. 그렇게 할 때 이 세상은 맑아지고 밝아진다. 법다운 천도야말로 영가만이 아니라 우리 모두를 피안의 세계로 나아갈 수 있게 하는 것임을 잊지 말아야 하리라.

글을 맺으며

　이제까지 우리는 여러 가지 기도법에 대해 이야기하였고, 그 방법과 원리에 대해 함께 살펴보았다. 하지만 기도는 긍정적인 면으로만 가득 채워져 있는 것이 아니다. 기도를 열심히 하다보면 때때로 뜻하지 않게 장애가 나타나는 경우도 있다. 단순히 게으른 마음이 일어나는 것이 아니라, 기도를 통하여 새로운 경계가 눈앞에 보이는 것이다.

　새로운 것이 무엇인가? 앞일이 보이기도 하고 남의 운명이 그대로 비치기도 하는 것이다. 이제까지 없었던 능력이 자기도 모르게 생겨나면 한편으로는 두렵지만 한편으로는 신기하고 흥미롭다. 그래서 자기도 모르게 새로운 경계에 빨려 들어가는 수가 많다.

　이때가 문제이다. 이때 조심하지 않으면 안 된다. 곧 번뇌 때문에 일렁거리던 자기의 마음이 맑아져서 이제까지 비치지 않았던 무엇인가가 비치는 것일 뿐, 아직은 완전히 맑아지고 밝아진 경지가 아닌 것이다. 그러므로 이때 스스로의 자세를 더욱 가다듬지 않으면 돌이킬 수 없는 나락으로 떨어질 수도 있다. 한 예를 들어보자.

불가에는 '금강수보살'을 열심히 외우면 금강수보살이 친히 나타나서 견성을 시켜준다는 말이 전하여지고 있다. 현재 생존하고 계신 한 스님은 그 말을 듣고 '금강수보살'을 부를 것을 작정하였다. 스님은 밤잠도 마다하고 밥도 먹는 둥 마는 둥 열심히 '금강수보살'을 불렀다. 그런데 50일이 지나자 금강수보살이 나타나 법문을 들려준 다음 마지막으로 질문을 하는 것이었다.

"계행을 잘 지키고 있느냐?"

"예, 잘 지키고 있습니다."

"몸으로 계행을 잘 지키는 것도 중요하지만, 마음 계행을 잘 지켜야지!"

"예?"

"이놈아, 아직 도를 이루기에는 멀었구나. 속에 여자 생각이 꽉 차 있는데 어떻게 도를 이루겠느냐?"

실로 어려서 출가한 그 스님은 여자에 대한 생각이 완전히 끊어진 것이 아니었다. 가끔씩은 '여자와 함께 살면 어떠할까?' 하는 생각도 들었고, 매혹적인 여자들과 대화를 나누고 나면 홀로 있을 때 은근히 그리워지기도 하였던 것이다. 그래서 스님은 나타난 금강수보살에게 물었다.

"어떻게 하면 도를 이룰 수 있습니까?"

"너의 성기를 끊어버려라."

그 말이 떨어지기가 바쁘게 그 스님은 칼로 자신의 성기를 끊어버렸다. 순간 금강수보살은 눈앞에서 사라졌고, 도를 깨치기는커녕 불구에 정신마저 이상한 사람이 되고 말았다. 금강수보살이 아니라 마(魔)의 유혹에 빠져든 것이다.

그 뒤 그 스님의 은사(恩師)가 찾아가 참선을 지도하자 마의 장애에서 깨어났고, 다행히 지금까지 중노릇을 잘하고 있다.

8

우리 불자들은 기도하는 방법을 정확히 알아서 꼭 필요한 기도를 해야지 허황된 기도를 하여서는 안 된다. 그리고 기도를 하다가 나타나는 경계에 사로잡히면 안 된다. 앞일을 알기 위해 한 기도가 아닌데 앞일이 보인다고 현혹될 것이 무엇인가? 남의 운명을 보기 위해 한 기도가 아닌데 남의 운명이 보인다고 떠들 것이 무엇인가?

이것이 바로 마장(魔障)이다. 이 마장을 벗어나야 한다. 오히려 이때 더 힘을 기울여 유혹 당함이 없이 기도해야 한다. 그것은 자기가 맑아지고 있고 업이 녹고 있음을 알려주는 것일 뿐이다.

다 녹았다는 것이 아니다. 다 맑아졌다는 것이 아니다. 그때 더욱 열심히 자기의 소원으로 돌아가 기도하면 좋은 결실을 이룰 수가 있다. 곧 새로운 경계가 나타나면 '내가 분기점에 와 있다' 는 것을 자각하여야 한다.

실로 기도를 하다가 마음이 딴 데로 팔리고 톱니바퀴가 헛돌아 신기(神氣)가 드는 사람도 많다.

내 나이 40세 무렵, 여행을 하다가 조그마한 무당 절을 잠시 지나치게 되었는데, 마침 안에서 사람의 말소리가 들려오는 것이었다.

"관세음보살, 관세음보살…. 네 아들은 지금 부산의 어느 식당에서 일을 보아주고 있구나."

'허, 관세음보살 귀신이 단단히 붙었구먼.'

이렇게 생각하며 모른 척하고 소리쳐 불렀다.

"주인 계십니까?"

방문을 연 점장이는 나를 보더니 깜짝 놀라며 넙죽 엎드렸다.

"아이구, 큰 관세음보살님! 큰 관세음보살님!"

나는 자리에 앉으며 계속 점을 보라고 하였다.

"더 계속하십시오."

"저는 모릅니다. 저는 모릅니다."

8

이 얼마나 어처구니없는 이야기인가? 어찌 관세음보살에 큰 관세음보살이 있고 작은 관세음보살이 있을 것인가?

오로지 기도하는 사람은 자기 소원을 축으로 삼아 기도의 대상인 불보살과 기도하는 자기의 톱니바퀴를 잘 맞추면서 기도를 해야만 한다. 순수한 마음, 간절한 마음, 올바른 믿음을 가지고 기도를 하면 가피가 저절로 따르고, 허황한 욕심과 잘못된 믿음으로 기도를 하면 그릇된 길로 나아가게 되는 것이다.

아울러 기도하는 틈틈이 자기의 마음을 돌아보면서 기도할 줄 알아야 한다. 순수하고 간절한 마음으로 기도하여 삼매에 이르게 되면 반드시 불보살의 가피가 찾아들게 된다는 것을 명심하고 기도에 임하기를 당부 드리면서 한 편의 이야기로 끝맺음을 하고자 한다.

옛날, 지극한 마음으로 극락세계에 가기를 원했던 사람이 있었다. 그는 만나는 사람마다 극락에 갈 수 있는 방법을 물었고, 그 방법만 일러주면 무엇이든지 하겠다고 했다.

마침 땡추중이 이 말을 듣고 그 어리석은 사람을 불렀다.

"10년 동안 내가 시키는 일을 하면서 나무아미타불을 외우면 극락에 보내주마."

그 사람은 틈틈이 염불을 하면서 땡추중의 지시라면 입 안의 혀처럼 극진히 행하였다. 10년이 지나자 땡추중은 부자가 되었고, 그 사람은 이제 극락으로 보내 달라고 하였다. 땡추중은 그 사람을 데리고 산 위의 절벽 꼭대기로 갔다. 그리고 소나무 위로 올라가 두 손으로 가지를 잡고 매달리게 하였다.

"이제 한 손을 놓아라."

"한 쪽 손도 마저 놓아라."

"나무아미타불을 외워라."

그 사람은 수천 길 낭떠러지 속으로 떨어지면서 크게 나무아미타불을 외웠다. 바로 그 순간, 서쪽 방향에서 오색구름이 나타나더니 떨어지는 그 사람을 태우고 가버리는 것이었다.

땡추중은 기가 막혔다. 자기의 능력이 탄로 나서 10년 동안 벌어준 재산을 빼앗길까봐 두려워 죽이려고 한 것인데 극락으로 가버리다니…. 땡추중은 자신의 능력이 보통이 아니라는 착각과 함께 자신도 극락으로 가고자 소나무 위로 올라갔다.

"한 쪽 손을 놓아라."

"다시 한 쪽 손을 놓아라."

"나무아미타불."

땡추중은 낭떠러지 아래로 떨어져 죽고 말았다.

ༀ

　매우 우스운 이야기 같지만 이것이 바로 일심기도법이다. 실로 일심기도 속에서 이루어지지 않는 일은 없다. 지극한 마음으로 법답게 기도하면 반드시 해탈을 얻을 수 있는 것이다.

　부디 우리 불자들이 참된 기도법에 의지하여 부지런히 기도 정진함으로써 마음을 맑히고 불보살의 가피를 입어 남김없이 소원을 성취하게 되기를 빌어 마지않는다.

기도 및 영가천도의 지침서

광명진언 기도법 / 일타스님·김현준　　　　신국판 176쪽 6,000원
광명진언 기도를 널리 펴고자 일타스님과 김현준 원장이 함께 저술한 책. 광명진언 속에 새겨진 참의미와 바른 기도법, 빠른 기도성취법 등을 자상하게 설하고, 유형별 기도성취 영험담을 다양하게 수록하였으며, 누구나 보기 쉽도록 큰활자로 발간하였습니다. 광명진언을 외우면 행복과 평화, 영가천도, 소원성취를 이룰 수 있습니다.

기도 / 일타스님　　　　　　　　　　　　신국판 240쪽 9,000원
총 6장 52편의 다양한 기도 영험담으로 엮어진 이 책을 읽다보면 기도를 통해 틀림없이 부처님의 가피를 입을 수 있음을 확신할 수 있게 되고, 올바른 기도법과 함께 기도성취의 지름길을 알 수 있게 됩니다.

기도성취 백팔문답 / 김현준　　　　　　　신국판 240쪽 9,000원
기도에 대한 정의·기도와 믿음·업장소멸의 방법·꾸준한 기도의 효험·원을 세우는 법·축원법·각종 기도가피와 기도성취의 시기·성취를 위한 하심법下心法 등 기도에 관한 궁금증들을 문답형식으로 자상하게 풀이하였습니다.

참회와 사랑의 기도법 / 김현준　　　　　　신국판 192쪽 7,000원
총 84가지 문답을 통하여 참회의 정의에서부터 참회기도를 해야하는 까닭, 절을 통한 참회법·염불참회법·주력참회법·가족을 향한 참회법, 기도 축원의 구체적인 내용 및 자비의 기도가 갖는 효과, '백중과 영가천도'등에 대해 아주 상세하게 설명하고 있습니다.

참회·참회기도법 / 김현준　　　　　　　　신국판 160쪽 6,000원
참회의 참된 의미, 절·염불을 통한 참회법, 참회인의 마음가짐, 이참법 등을 영험담들과 함께 감동 깊게 엮은 책으로, 참회를 통해 행복하고 자유로운 삶을 사는 방법을 열어주고 있습니다.

불교의 자녀사랑 기도법 / 김현준　　　　　신국판 160쪽 6,000원
사랑하는 자녀들을 가장 잘 사랑할 수 있는 방법을 부처님의 가르침에 의지하여 정립하고 생활화한 책입니다. 이 책의 가르침을 따라 자녀를 사랑하고 기도해보십시오. 우리의 자녀들이 뜻하는 바 소원을 성취하고, 행복과 평화를 누릴 수 있게 될 것입니다. 부록으로 부모님께 효도하여야 하는 까닭과 방법도 수록하였습니다.

참회 / 김현준　　　　　　　　　　　　　　4×6판 160쪽 5,500원
참회의 원리와 공덕, 절·염불·주력을 통한 참회법, 간단하면서도 효과가 큰 오회참법, 자비축원의 참회, 이참법, 원효대사의 대승육정참회 등을 감동 깊게 엮은 책으로, 참회를 통해 깨달음을 이루고 자유로운 삶과 행복하게 사는 방법 등을 일러주고 있습니다.

법보시를 원하시는 분은 출판사로 연락 주십시오. 할인혜택을 드립니다.
전화 02-587-6612, 582-6612 팩스 02-586-9078

신묘장구대다라니 기도법 / 우룡스님·김현준   신국판 208쪽 7,000원
신묘장구대다라니를 외우면 생겨나는 가피와 공덕, 기도의 방법과 주의할 점, 우룡스님이 들려주는 14편의 영험담, 대다라니의 근본경전인 『무애대비심다라니경』을 수록하고 있는 이 책을 읽고 자신있게 기도하면 심중소원의 성취와 기적같은 체험도 할 수 있습니다.

기도 성취의 지름길 / 우룡스님   4×6판 160쪽 5,000원
가족을 위한 기도와 기도 성취의 원리에 초점을 맞춘 감동적인 기도법문입니다. 제1부 「가족 행복을 위한 기도」에서는 가족을 향한 참회와 절의 필요성, 3배 기도의 큰 영험에 대해 일러주고 있으며, 제2부 「빠른 기도 성취의 길」에서는 믿음과 정성이 뒤따라야 기도 성취를 잘할 수 있고, 기도의 고비를 잘 넘겨야 능히 행복과 대해탈의 문이 열린다는 것을 많은 이야기를 곁들여 설하고 있습니다.

기도 이야기 / 우룡스님   신국판 204쪽 7,000원
"스님, 기도로 소원을 성취할 수 있습니까?" 총 6장 45편의, 참으로 재미있는 기도성취 영험담이 수록된 이 책을 읽고 기도를 하면, 불보살님과 통하는 감응의 길이 열리면서 심중소원을 빨리 성취하게 됩니다. 또한 이야기 끝에 붙인 큰스님의 해설은 기도의 방법을 쉽게 터득할 수 있도록 이끌어줍니다.

영가천도 / 우룡스님   신국판 160쪽 6,000원
영가의 장애를 느끼십니까? 돌아가신 영가를 영가를 제대로 천도해 드리지 못했습니까? 영가천도의 필요성과 기본자세, 염불·독경·사경을 통한 영가천도, 49재, 낙태아 천도 등 영가천도에 관한 궁금증 및 천도의 방법을 우룡스님의 자세한 법문으로 풀어드립니다.

관음신앙·관음기도법 / 김현준   신국판 240쪽 9,000원
관세음보살의 구원 능력, 주요 경전 속의 관음관, 11면관음·천수관음·32응신·33관음 등 자비관음의 여러 가지 모습, 일심칭명 일념염불의 관음기도법, 독경 사경 기도법, 다라니 염송 기도법 등을 자세하고도 알기 쉽게 풀이하였습니다.

미타신앙·미타기도법 / 김현준   신국판 160쪽 6,000원
아미타불의 참 모습에서부터 극락에서 누리는 행복, 칭명염불·오회염불·관상염불·천도염불 등의 각종 염불수행법과 함께 임종하는 이를 위한 의식과 49재 기간의 행법 등을 자세히 밝히고 있습니다.

지장신앙·지장기도법 / 김현준   신국판 192쪽 7,000원
지장신앙 속에는 영가천도뿐만이 아니라 현세에서의 행복과 깨달음, 성불의 비결까지 간직되어 있습니다. 이러한 지장신앙의 여러 측면과 함께 생활 속에서 할 수 있는 지장기도법을 자세히 밝혀놓았습니다.

일타큰스님의 스테디셀러

불자의 마음가짐과 수행법 / 일타스님　　신국판 192쪽 7,000원
불자들이 큰 행복과 대자유를 얻기 위해서는 어떠한 마음가짐으로 살아야 하며, 참선·염불·간경·주력의 불교 4대 수행법을 어떻게 닦아야 하는가를 갖가지 비유를 들어 자상하게 설하고 있습니다.

오계이야기 / 일타스님　　신국판 160쪽 6,000원
살생·투도·사음·망어의 근본 4계에 불음주계를 합한 5계에 대한 법문집. 재미있는 일화를 들어 각 계율의 연원과 지키는 방법, 계율을 범했을 때의 과보 등을 자세히 설했습니다. 복된 불자의 길로 나아가게 하는 불자의 필독서입니다.

● 신행과 포교를 위한 휴대용 불서 ●

   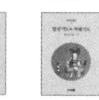

행복과 성공을 위한 도담 / 경봉스님	4×6판 100쪽	3,500원
불성발현의 길 / 일타스님	4×6판 100쪽	3,500원
불교예절입문 / 일타스님	4×6판 100쪽	3,500원
일상기도와 특별기도 / 일타스님	4×6판 100쪽	3,500원
광명진언 기도법 / 일타스님·김현준	4×6판 100쪽	3,500원
병환과 기도 / 일타스님·김현준	4×6판 100쪽	3,500원
보왕삼매론 풀이 / 김현준	4×6판 100쪽	3,500원
행복을 여는 감로법문 / 우룡스님	4×6판 100쪽	3,500원
불자의 삶과 공부 / 우룡스님	4×6판 100쪽	3,500원
바느질하는 부처님 / 김현준 엮음	4×6판 100쪽	3,500원

육조단경 (덕이본德異本) 증보개정판 / 김현준 역　　4×6배판 208쪽 8,000원
육조 혜능대사께서 설한 선종의 근본 경전으로, 인간의 참된 본성을 보게 하여 마음을 치유하고 깨달음을 열어줍니다. 계속 정독하면 영성이 깨어나고 대자유인이 될 수 있습니다. 증보개정판을 내면서 한글 번역 옆에 한자 원문을 붙여 뜻을 잘 이해할 수 있도록 하였으며, 글씨를 조금 더 크고 뚜렷하게 하여 읽기 좋도록 하였습니다.

선가귀감 / 서산대사 저 김현준 역　　4×6배판 136쪽 6,000원
조선시대 최고의 고승인 서산대사께서 선禪에 대한 다양한 가르침을 중심에 두고 참회·염불·계율·육바라밀·도인의 삶 등을 간절하게 설하여 불자들의 신심과 정진에 큰 도움을 주는 소중한 책입니다. 읽으면 읽을수록 쾌락함과 깊은 맛을 느낄 수 있습니다.
　　　　　　　　　　　　　　　　　　　　　　　(한글 한문 대조본)

경봉·우룡큰스님의 스테디셀러

뭐가 그리 바쁘노(경봉대선사 일화집) / 김현준 엮음
삶! 이렇게 살아라, 좌절에 빠진 이들에게, 일상 속의 스님 모습 등 총 8장 73가지 일화를 담은 이 책 속에는 우리의 정신을 번쩍 깨어나게 하고 새로운 기운을 불러 일으키는 일화들을 비롯하여, 스님께서 제자·시자·신도·수행승들과 함께한 일상생활 속의 참모습들이 생생하게 묘사되어 있습니다.   4×6판 180쪽 5,500원

참 생명을 찾는 경봉스님 가르침 / 김현준   신국판 192쪽 7,000원
경봉스님의 참 생명을 찾는 공부 방법과 도와 인생의 실체, 이 사바세계를 무대로 삼아 멋있게 사는 법 등을 다양한 이야기와 함께 엮은 책입니다..

도와 함께하는 행복과 성공 / 김현준 엮음   신국판 160쪽 6,000원
경봉대선사께서 행복은 어디에 있고 어디에 깃들며, 어떻게 할 때 성공하는가? 복 짓는 법과 성공에 있어 가장 필요한 것은 무엇인가를 설한 책입니다..

바보가 되거라(경봉스님 일대기) / 김현준 엮음   신국판 224쪽 8,000원

불교신행의 주춧돌 / 우룡스님   신국판 240쪽 9,000원
신행생활 속에서 자주 겪게 되는 시행착오를 미리 피하고, 올바른 정진을 하여 깨달음의 세계로 나아가는데 꼭 필요한 마음가짐과 신행방법 등을 자상한 문체와 일화들로 알기 쉽게 엮었습니다.

정성 성誠이 부처입니다 / 우룡스님   신국판 240쪽 9,000원
'정성 성'이 부처요, 모든 것이 부처님 하는 일. 대우주와 하나되는 삶, 마음 단속과 마음 열기, 마음 다스리기, 번뇌와 업장을 비우는 방법 등을 쉽게 일러주고 있습니다.

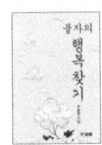
불자의 행복 찾기 / 우룡스님   신국판 190쪽 7,000원
우룡스님 설법의 결정판. ① 복 받기를 원하거든 ② 보시로 이루는 큰 복 ③ 아상과 무주상 ④ 행복과 기도의 총 4장으로 나누어져 있는 이 책을 읽다 보면 복 짓고 복 쌓고 복 받는 방법과 원리를 저절로 터득할 수 있게 됩니다.

신심으로 여는 행복 / 우룡스님   신국판 192쪽 7,000원
믿음과 기도, 신심을 키우는 방법, 신심 속에서 나타나는 가피와 성취, 윤회에 대한 믿음, 불성의 발현과 믿음, 가정과 나를 살리는 실천법 등이 수록되어 있습니다.

불자의 살림살이 / 우룡스님   신국판 160쪽 6,000원
참된 불자의 살림살이가 무엇인지, 특히 가족을 향한 참회와 복 짓는 방법, 평온을 얻고 지혜를 이루는 방법을 쉽고도 일목요연하게 설한 법문집입니다.

불교의 수행법과 나의 체험 / 우룡스님   신국판 160쪽 6,000원
염불 및 주력수행법, 기도를 잘하는 법, 경전공부의 방법, 참선 수행법, 수행과 업장소멸, 수행정진의 비결 등을 스님의 체험을 예로 들면서 재미있게 엮었습니다.

알기 쉬운 경전 해설서

생활 속의 반야심경 / 김현준   신국판 240쪽 9,000원
공空의 의미, 모든 괴로움의 원인과 괴로움에서 벗어나는 방법, 색즉시공 공즉시색의 참뜻, 걸림 없고 진실불허한 삶을 이루는 방법 등을 반야심경의 경문을 따라 쉽고 상세하고 재미있게 풀이하고 있습니다.

화엄경 약찬게 풀이 / 김현준   신국판 216쪽 8,000원
불자들이 자주 독송하는 화엄경약찬게! 화엄경약찬게를 그냥 읽으면 참으로 어렵고 무슨 내용인지 알 수 없지만 이 풀이를 본 다음에 읽으면 약찬게를 명확히 파악할 수 있게 될 뿐 아니라 화엄경의 내용까지 꿰뚫어 환희심이 샘솟고 대화엄의 세계에서 노닐 수 있게 됩니다.

생활 속의 천수경 (개정판) / 김현준   신국판 240쪽 9,000원
천수관음이 출현하신 까닭, 천수관음을 청하는 법과 가피를 얻는 법, 신묘장구대다라니의 풀이와 공덕, 찬탄의 공덕과 참회성취의 비결, 준제기도 및 주요 진언 속에 깃든 의미, 여래십대발원문 사홍서원 삼귀의 의미 등을 상세히 풀이하였습니다.

생활 속의 금강경 / 우룡스님   신국판 304쪽 10,000원
금강경의 심오한 내용을 알기 쉽게 풀이하고 일상생활과 접목시켜 강설함으로써 삶의 현장에서 금강경의 가르침을 능히 응용할 수 있도록 하였고, 감동을 주는 일화들을 많이 삽입하여 재미를 더해주고 있습니다.

생활 속의 관음경 / 우룡스님   신국판 240쪽 9,000원
관세음보살보문품인 관음경을 통하여 관세음보살의 본질, 일심칭명과 재난 소멸법, 공경 예배와 소원 성취법, 관세음보살을 관하는 법 등에 대해 여러 가지 영험담과 함께 감동적으로 풀이하고 있습니다.

생활 속의 보왕삼매론 / 김현준   신국판 240쪽 9,000원
『보왕삼매론』을 해설한 이 책은 병고 해탈, 고난 퇴치, 마음공부와 마장 극복, 일의 성취, 참사랑의 원리, 인연 다스리기, 공덕 쌓는 법, 이익과 부귀, 억울함의 승화 등 누구나 인생살이에서 겪게 되는 장애들을 속 시원하게 뚫어주고 있습니다.

천지팔양신주경 사경 (1책으로 3번 사경)   4×6배판 112쪽 5,000원
옛부터 건축·결혼·출산·사업·죽음 등 평생의 삶 중에서 중요한 때마다 읽고 쓰면 크게 길하고 이롭고 장수하고 복덕을 갖추게 된다고 전해지고 있습니다.

부모은중경 사경 (1책으로 3번 사경)   4×6배판 112쪽 5,000원
부처님께서는 부모님의 은혜를 새기면서 이 경을 쓰게 되면 그 어떤 행보다 큰 공덕이 생겨난다고 하였습니다. 정성 들여 사경하면 뜻하는 바가 이루어집니다.

보왕삼매론 사경 (1책으로 50번 사경)   4×6배판 120쪽 5,000원
보왕삼매론을 사경하면 재앙이 소멸됨은 물론이요 생활 속의 걸림돌이 디딤돌로 바뀌고 고난이 사라져 하루하루가 편안해집니다.

보현행원품 한글사경 (1책으로 3번 사경)   4×6배판 120쪽 5,000원
행원품을 사경하면 자리이타의 삶과 업장 참회, 신통·지혜·복덕·자비 등을 빨리 이룰 수 있고 세세생생 불법과 함께하며 보살도를 성취할 수 있습니다.

약사경 한글사경 (1책으로 3번 사경)   4×6배판 112쪽 4,000원
약사경을 사경하면 약사여래의 가피가 저절로 찾아들어, 병환의 쾌차, 집안 평안, 업장소멸을 비롯한 갖가지 소원을 쉽게 성취할 수 있습니다.

영험 크고 성취 빠른 각종 사경집 (책 크기 4×6배판)

광명진언 사경 (가로쓰기:1080번 사경)   128쪽   5,000원
광명진언 사경 (세로쓰기:1080번 사경)   128쪽   5,000원
눈으로 보고 입으로 외우고 손으로 쓰고 마음으로 새기는 광명진언 사경은 크나큰 성취를 안겨줍니다.

금강경 한글사경 (1책으로 3번 사경)   144쪽   6,000원
금강경 한문사경 (1책으로 3번 사경)   144쪽   6,000원
금강경 한문한글사경 (1책으로 1번 사경)   100쪽   4,000원
요긴하고 으뜸된 경전인 금강경을 사경해 보십시오. 업장소멸과 함께 크나큰 깨달음과 좋은 일들이 저절로 다가옵니다.

아미타경 한글사경 (1책으로 7번 사경)   116쪽   5,000원
살아 생전 또는 부모나 가까운 분이 돌아가셨을 때 이 경을 쓰면 극락왕생이 참으로 가까워집니다.

반야심경 한글사경 (1책으로 50번 사경)   116쪽   5,000원
반야심경 한문사경 (1책으로 50번 사경)   116쪽   5,000원
반야심경을 사경하면 호법신장이 '나'를 지켜주고, 공의 도리를 깨달아 평화롭고 안정된 삶이 함께 합니다.

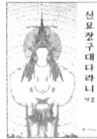
신묘장구대다라니 사경 (50번 사경)   116쪽   5,000원
대다라니를 사경하면 관세음보살님과 호법신장들이 '나'와 주위를 지켜주고 소원성취와 동시에, 행복하고 자비심 가득한 마음을 가질 수 있도록 해줍니다.

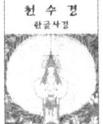
천수경 한글사경 (1책으로 7번 사경)   112쪽   5,000원
천수경을 사경하고 독송하면 천수관음의 가피가 저절로 찾아들어, 업장 및 고난의 소멸과 갖가지 소원을 쉽게 성취할 수 있습니다.

관음경 한글사경 (1책으로 5번 사경)   112쪽   5,000원
관음경을 사경하면 늘 행복이 함께하며, 학업성취·건강쾌유·자녀의 성공·경제문제 등에도 영험이 매우 큽니다.

지장경 한글사경 (1책으로 1번 사경)   144쪽   6,000원
지장경을 사경하고 독송하면 영가천도는 물론이요, 각종 장애가 저절로 사라지고 심중의 소원이 성취됩니다.

아미타불 명호사경 (1책으로 5,400번 사경)   160쪽   6,000원
'나무아미타불'과 '아미타불'을 오회염불법에 따라 외우고 쓰는 특별한 명호사경집입니다. 집중력을 더하여, 심중 소원 성취에 큰 도움을 줍니다.

 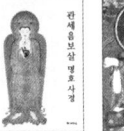
관세음보살 명호사경 (1책으로 5천4백번 사경)
지장보살 명호사경 (1책으로 5천번 사경)   각 권 108쪽   5,000원
'관세음보살'이나 '지장보살'의 명호를 쓰면서 입으로 외우고 마음에 새기면, 관세음보살님과 지장보살님의 가피를 입어 몸과 마음이 큰 변화를 이루고, 마음속의 원을 능히 성취할 수 있습니다.

많이 찾는 기도 독송용 경전

한글『법화경』과『법화경 한글사경』

불교 최고 경전인 법화경! 이 경을 독송하고 사경해 보십시오.
소원성취는 물론 깨달음과 경제적인 풍요까지 안겨줍니다.

법화경 (독송용) 김현준 역   무선제본 총 22,000원
                                    양장본 25,000원

법화경 한글사경 김현준 역 4×6배판 총 25,000원
                       전5책 각권 120쪽 내외 권당 5,000원

지장경 김현준 편역   4×6배판 208쪽 8,000원

이 책은 지장기도를 하는 분들을 위해 ① 지장경을 처음부터 끝까지 1번 독송, ② '나무지장보살'을 천번염송, ③ 지장보살예찬문을 외우며 158배, ④ '지장보살' 천번 염송의 4부로 나누어 특별히 만들었습니다.
지장경 독경 및 지장보살예참과 염불을 할 때, 각 장 앞에 제시된 기도법에 따라 기도를 하면, 영가천도·업장소멸·소원성취·향상된 삶을 이룩할 수 있습니다.

자비도량참법 / 김현준 역   양장본 528쪽 25,000원

참되이 참회하시기를 원하십니까? 자비도량참법 기도를 하면 나의 허물과 죄업의 참회에서 시작하여 부모 스승 친척 등 육도 속을 윤회하는 온 법계 중생의 업장과 무명까지 모두 소멸시켜주며, 자비가 충만해지고 환희심이 넘쳐나게 됩니다.

원각경 / 김현준 편역   4×6배판 192쪽 8,000원

한국불교의 근본 경전인 원각경을 수십 차례 번역·수정·윤문하여 쉽게 이해할 수 있도록 하였습니다. 한글과 원문을 바로 옆에 두어 대조하며 읽을 수 있습니다.

유마경 / 김현준 역   4×6배판 296쪽 12,000원

보살의 병, 불도란 어떤 것인가? 깨달음의 세계로 들어가는 불이법문, 참된 불국토를 건설하는 방법 등등 매우 소중한 가르침들을 가득 담고 있는 이 경을 읽다보면 마음이 탁 트입니다.

승만경 / 김현준 편역   4×6배판 144쪽 6,000원

여인의 성불 수기와 함께 승만부인의 서원, 정법·번뇌·법신·일승·사성제·자성청정심·여래장사상 등을 분명히 밝힌 보배로운 경전입니다.(한글 한문 대조본)

보현행원품 / 김현준 편역   4×6배판 112쪽 5,000원

행원품과 예불대참회문을 함께 실어 독경 후 행원품에 근거한 정통 108배를 행할 수 있도록 만들었으며, 독송 방법과 대참회의 의미 등도 상세히 설명하였습니다.

밀린다왕문경 / 김현준 편역   신국판 204쪽 7,000원

그리스 왕인 밀린다와 불교 승려인 나가세나가 인생과 불교에 대해 대론한 것을 정리한 경전. 윤회·업·수행·지혜·해탈 등에 대한 조리정연한 번역이 신심을 더욱 불러일으킵니다.